阿根廷所得税法注解
（2018版）

Ley de Impuesto a las Ganancias de Argentina
Versión traducida y comentada

钟晓宁◎编译

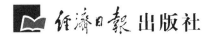

经济日报 出版社

图书在版编目（CIP）数据

阿根廷所得税法注解：2018 版／钟晓宁编译．——
北京：经济日报出版社，2019. 1
ISBN 978 - 7 - 5196 - 0477 - 6

Ⅰ. ①阿…　Ⅱ. ①钟…　Ⅲ. ①所得税—税法—法律解
释—阿根廷　Ⅳ. ①D978.322

中国版本图书馆 CIP 数据核字（2019）第 016078 号

阿根廷所得税法注解：2018 版

编　　译	钟晓宁
责任编辑	门　睿
出版发行	经济日报出版社
地　　址	北京市西城区白纸坊东街 2 号（邮政编码：100054）
电　　话	010 - 63567689（编辑部）　63538621（发行部）
网　　址	www. edpbook. com. cn
E - mail	edpbook@126. com
经　　销	全国新华书店
印　　刷	廊坊市海涛印刷有限公司
开　　本	710×1000mm　1/16
印　　张	13. 25
字　　数	110 千字
版　　次	2019 年 2 月第一版
印　　次	2019 年 2 月第一次印刷
书　　号	ISBN 978 - 7 - 5196 - 0477 - 6
定　　价	52. 00 元

前　言

阿根廷国会 2017 年底通过了 27.430 法，此法被称为 30 年来影响最深远的税法改革。其中比较重要的改革措施包括：逐步降低企业所得税率，增加分红收入所得税；等同税（Impuesto de igualación）不再适用于 2018 年及以后产生的所得引起的分红；一定程度上允许更灵活地因海外关联企业的借贷而支付的利息进行抵扣（资本弱化）；允许因通货膨胀进行纳税调整；对居住在税务不合作辖区的或其投资资金来源于上述地区的非阿根廷居民自然人转让在阿根廷具有实质性资产的外国单位股份的获利征税；加强了对转移价格的控制；强制要求进出口业务的国际中间商人必须证明其获利与其风险成比例（避免转移利润）等等，不一而足。其中关于降低税率的一些措施固然优化了阿国的投资环境，但另一些措施明显地加强了对跨国资本流动的监管，这对在阿投资的中资企业来说也是挑战。

1

在阿投资的中资企业财税方面的高级管理人员没必要把整个税法都精通，但一定要弄清楚它大的原则，这样才能保证在和当地律师、会计师沟通时具有有效性和正确性。虽然此次修法做出很多改变，但总的来说其税法（特别是所得税法）架构并未有过大变动，我在此稍微做一下梳理，抛砖以引玉：

按居住地：

对于阿根廷自然人居民——其所有收入原则上适用源泉理论，即周期性、长期性和能动性

对于阿根廷资合法人居民——其所有收入原则上适用资产负债理论，即资产负债的变动

对于非阿根廷居民——其来源于阿根廷国内收入，一般来说属于单一最终类型税（第五编）

按收入地来源：

对于阿根廷居民境外所得——第九编

按所得类型（无论境内境外）：

第一类——租金所得

第二类——资本利得

第三类——企业所得

第四类——劳务所得

不同的税率，不同的免税条件等等。

按计税方法：

第一类第三类所得——按发生

第二类第四类所得——按实际收入

其实南美税法大的框架还是比较清楚、简单，只是所有主体的收入所得均包含在同一部税法里，有时候难免会略显冗长、晦涩，且税收机关征税执行质量也参差不齐，所以特别是对于大型的投资，中国企业一定要事先做好功课，与律师、会计师充分论证之后才能准确把握收购时以及以后运营的税务风险与成本。

拉美国家法律条文习惯用长句，定语之间层层套，与中国法律文风大相径庭。翻译无法更改其固有文风，所以读者在阅读时难免会有生涩不适之感，此时往往需要静下心多读几遍方能理解其含义。

本人能力有限，且翻译过程确实有仓促，成文难免有瑕疵，还望各位读者海涵。

译注者

2018 年 12 月 18 日

目　录

第一编　总则
税的主体和客体

第一条　自然人、法人和本法指出的其他主体的所有所得应当依照本法规定的紧急①税种纳税。未分割遗产根据本法第三十三条规定属于纳税人。

前述主体中属于本国居民的应对其来源于本国及境外所得纳税，但可以将其在境外因其境外活动已缴纳的类似税款作为已缴纳的当期应在本国纳税额处理，且其限额不得超过依照本法规定计算的境外应税收入对应的总税额。

---

① 紧急税种就是指本法的所得税，"紧急"一词与法律制定时阿根廷的社会状况有关。

1

非居民主体仅就其来源于阿根廷的收入依照本法第五编和其他规定纳税。

第二条 本法所指的所得包括下面列出的项目。这些项目的描述不应抵触每种所得类型中有关对所得的专门规定，其本身也不一定在各所得类型被明确提及①：

1）产生收入的源泉稳定存在并被利用而获得的易具有周期性的收成、租金或得利；

2）由第六十九条中所规定的义务人以及其他公司、企业、个人企业②获得的收成、租金、利益或得利，无论其是否满足前项之条件，但第六十九条涵盖的纳税人之外的其他从事本法第七十九条第（F）项和第（G）项活动且没有进行商业发展的人③除外——此种情况下适用前款规定；

---

① 换句话说下列列举的收入和所得可能没有涵盖每种类型收入中包括的一些特殊的情况，但并不影响其作为收入被考虑；反之，在各个所得类型中没有被明确指出是收入或所得的项目，只要在下面被列举的，也一样作为收入被考虑。

② 指具有企业特征的个人主体，下文"个人开发项目"同意。

③ 这句话针对的是既非劳务性质也非商业性质的个体，比如私人诊所、自由职业者等。

3）无论任何主体获得的来自转让可摊销动产的盈亏；

4）无论任何主体获得的来自转让股票、股份代券、持股凭证、其他证券存单及公司份额和公司所有权——包括投资基金份额、金融信托凭证以及其他信托和相似合约衍生的权益—数字货币①，凭证，债券和其他证券的盈亏；

5）无论任何主体获得的来自不动产转让以及不动产权益转让的结果。

第三条　本法所示的转让指的是包括销售、置换、交换、征用、向公司注资以及所有导致所有权有偿转移的处置行为。

对于不动产来说，其转让或购置发生在买卖文件或其他类似给予或获得此不动产实际占有的承诺产生时刻，若交易中未签订任何有关所有权转移的文书则其发生在占有行为发生的那一刻。

---

① 针对比特币等新兴的数字货币的出现而对整个法律文本都做了更新。

第四条 本法所指的接受法定继承、遗赠继承①或捐赠的纳税人，其受让财产的购入价值为它成为前所有人的总财产的一部分时的报税价值，其购入日期视作当日。

若无法确定相关价值，则此财产应根据条例的规定把前款所述的财产转移日其市价作为它的采购价值。

源泉

第五条 一般情况下，除后面条款有特殊规定的外，来自位于、置于本国境内或在本国境内被使用的财产所产生的收入、来自在本国境内进行的任何能产生利益的行为和活动的收入、来自本国境内发生的事件的收入，无论事件参与者或行为人的住址、地址、国籍，也无论合同签署地，这些收入所得均被认作源自阿根廷国内所得。

第六条 来自位于本国境内的财产物权担保而产生的债权所得被认作源自阿根廷国内所得。如果担保是以

---

① 此处"法定继承"指的是按照阿根廷法律对死者资产和负债整体继承的情况，既可以以法定形式也可以以遗嘱形式完成；"遗赠继承"指的是对死者某项资产无论其附带义务与否的继承，必须通过遗嘱形式完成。

境外财产做出的，则适用前一条的规定。

第七条　除下一款规定以外，来自持有和转让股票、公司份额和公司所有权——包括投资基金份额、金融信托凭证以及其他信托和相似合约衍生的权益——数字货币，凭证，债券和其他证券的收入，只要其发行人地址、位于或住址在阿根廷，那么全部被视作源于本国。对于股份代券、持股凭证和其他证券存单来说，无论其代券的发行单位、发行地址或股份的存放地为何，只要这些股份和其他证券的发行人地址、位于或住址在阿根廷则被视作来源于阿根廷。

无名条　票证和/或衍生合同含有的权利义务执行得到的结果，只要其内在风险是位于阿根廷国境内的，属于来源阿根廷的收入。获得上述结果的参与方若属于本国居民或是本法第六十九条第（B）项所规定的固定场所则可认为前述风险的位置条件①达成。

另若这些票证中某一个或作为互相关联的整体，其中的各个元素表明它们并未表达各交易方真实的经济意

---

① 即所谓"内在风险位于阿根廷境内"。

图，则收入源泉的认定应当按照经济事实的原则考虑产生收入的源泉其性质来进行，此种情况下将适用本法就这些结果而规定的处理方式。

第八条 来自出口在本国生产、加工、处理、采购商品的收入属于源自阿根廷所得，这包括那些由境外实体或个人的下属企业、分公司、代理处、采购代办或其他的中介人将商品转移的行为。

这些商品销售净收入计算方式是以销售价格减去其成本、运输费用、至目的地的保险费用、中介费用、销售费用和阿根廷境内产生的其他为了获得此应税收入而必须支付的费用。

对于仅将商品引入阿根廷的国外出口商则认为其获得的收入是源自境外。

如果本条所指的交易方是关联方，且交易对价和交易条件并不符合独立交易方的市场情况，则这些交易应当按照本法第十五条规定进行调整。

同理，本条规定的交易，如果是与地址在或位于税务非合作辖区或低税、免税地区的自然人、法人、资产管理或其他实体之间进行，则应当适用本法第十五条规定。

若根据前款，进出口操作的交易物价格可通过透明市场、交易所或类似机构——公开且明显——获得国际参照价格，那么在没有其他反证的情况下应当使用这些价格来确定来源于阿根廷所得额。

若非前款所述的情况下的独立方的交易，那么纳税人——出口商或者进口商——只要其年度进出口额超过了国家行政部门颁布的实施条例规定的数额，则应当向联邦公共收入管理局提供相关信息助其确认申报的价格符合市场情况，这些信息应当包括成本、利润和管理局认为从征税角度讲有必要知晓的其他数据。

第九条　无论是否有反证，非在本国成立的从事国际运输行业的公司，其旅客票价和货运的总收入的百分之十（10）被视为源自阿根廷的净所得。

同理，无论是否有反证，在本国境内或成立或落户的企业向境外的轮船作业企业按固定时间租赁或轮次支付的费用的百分之十（10）视作源自阿根廷的净所得。

前两款所述的境外企业若根据国际协议和协定已规定或以后规定了与其所在国的税收减免的，则前款的假设将不适用。

对于非在本国境内成立，在本国境内或由本国境内向境外国家经营集装箱业务的公司，无论是否有反证，其营业毛收入的百分之二十（20）被视为源自阿根廷的净所得。

本条所提到的公司企业在本国境内的代理或代表与这些公司承担缴纳税款的连带责任。

在境内成立或落户的企业从事前几款所述的业务的，无论其业务开展地在何处，其收入全部被视作源自阿根廷。

第十条 对于向境内居民人或单位提供消息的国际通讯社而收取酬金的，其酬劳总收入的百分之十（10）被视为源自阿根廷的净所得，无论其是否在阿根廷开有代理社或分社。

若在执行前款规定导致现实不符的后果时，本法授权行政部门以条例形式选定比前款指定更低的百分比执行。

第十一条　保险和再保险业务若覆盖本国境内风险或合同签订时被保险人居住在本国境内时，则其收入来源于阿根廷。

在向境外公司进行转让时——再保险和/或返转让——无论是否有反证，转让所得保费扣除取消所引起费用后的百分之十（10）属于源自阿根廷的净所得。

第十二条　在本国境内成立或落户的单位及企业的董事会、议事会和其他机构的成员——即使是在境外开展活动的——收取的酬金和工资被视作源自阿根廷所得。

同理，从境外提供技术、金融和其他性质的咨询所收取的服务费和酬劳被视作源自阿根廷所得。

第十三条　无论是否有反证，因在本国播放外国电影、外国电台节目、外国电视节目和任何对外国图像和/

或声音以无论什么形式进行放映、复制、播放和宣传而向制片人、发行人和中间商支付价格的百分之五十（50）被视作源自阿根廷的净所得。

此价格如果以许可费或类似名目支付的同样适用于前款规定。

无名条①　位于境内的财产的间接转让。非境内居民因转让成立于、地址在、位于境外的法人、基金、信托或等同机构、固定场所、资产管理单位和任何其他单位的股票、公司份额和公司所有权、可换股票或换公司权益和其他任何代表其资本金和资产的票券所得，在满足下列条件的情况下被视作来源于阿根廷：

A）此转让人在售卖时或转让前十二个月（12）中任何一个月内持有成立于、地址在、位于境外的此单位的股票、公司份额和公司所有权、可换股票、票券或权益的至少百分之三十（30）的价值来自它直接或通过其他单位间接所拥有的以下财产：

a）阿根廷成立的公司、基金、信托和其他单位的股

---

①　此条目的主要为避免通过多层股权结构以境外股权交易之名行境内资产交易之实。

票、权益、公司份额或其他所有权、控制权和分红参与票券；

b）属于某非居民在阿根廷境内的固定场所；或

c）位于阿根廷的任何种类的资产以及资产权益。

本项所述的财产应当按照当时市场价值进行作价；

B）这些被转让的股票、公司所有权证、公司份额、票券或权益—自有的或者通过其控制或关联的单位共有的、与配偶、共居者或其他有三代及以内父辈、子辈、同辈无论血缘或姻亲关系亲属纳税人共有的—在被售卖时或转让前十二个月（12）中任何一个月内的价值超过那个直接或间接拥有任何前项所指财产的境外单位净资产的百分之十（10）。

本条所指的来源于阿根廷的收入应当按照第九十条后增设第四无名条第四款第（ii）点规定计算，但应仅限于本国境内的资产在被转让的股份价值中所占比例。

若能确凿证明这些转让是在同一个经济体之间进行的并且满足了实施条例为此规定的条件，则本条规定将不适用。

第十四条 境外企业、人和单位的分部或其他固定

11

场所应当与它们的总部及其他分部和固定场所或下属机构（分公司）须分开记账，并且在相应情况下应作出必要的修改以确定来源于阿根廷的应税盈亏。

在记账不充分或记账没有精确反映来源于阿根廷所得时，经济和公共工程及服务部下属的自主管理机构联邦公共收入管理局可将本国的和前款所述境外的单位视作同一经济单位并核定相应的应税净所得。

若第十六条后增设的无名条中规定的固定场所或第四十九条第（A）、（B）、（C）、（D）项包含的公司或信托机构分别与成立于、地址在、位于境外的关联人或单位之间的交易的金额和条件都符合市场上两个独立单位之间的正常做法的—除第八十八条第（M）项规定的以外—则从各方面均被视作独立方之间的交易。如果这些交易的金额和条件不符合独立单位之间的做法，那么该交易将按照第十五条的规定进行调整。

若本国固定场所进行的活动直接或间接地使境外总部或其他关联主体获得收入，则此所得应当根据其贡献比例按照第十五条的计算方法分配给此固定场所。

对于在本国经营的金融机构以利息、佣金形式支付或记给其总部、同属下级单位、同属分部或其他成立于、地址在、位于境外的关联公司和单位的金额，或因其他任何交易而向它们做出的支付和记账，只要是其总额与市场条件下独立单位间应有协议做法不一致的，则将适用第十五条的规定。经济和公共工程及服务部下属的自主管理机构联邦公共收入管理局可根据情况向阿根廷中央银行索取其认为必要的信息。

第十五条　若由于交易类型或企业组织形式的原因而无法精确地确认源自阿根廷所得数额，联邦公共收入管理局可使用基于从事同样或类似经营活动的独立企业所获得经营结果而得出的平均数、指数、系数等来核定其应税净所得。

地址在或位于本国的固定场所或第四十九条第一款第（A）、（B）、（C）、（D）项所包含的主体与地址在、成立于或位于税务非合作辖区或低税、免税地区的自然人、法人、资产管理、场所、信托和其他等同实体之间进行的交易不被视作独立方之间按照市场正常条件或价格进行的。

为了核定前一条所指的交易价格，应当根据交易类型来使用最合适的方式。为确定交易价格而需要获得的第三人的必要信息且此信息在行政行为和司法案件中应当被援引为证据的，其信息的获得将不适用于 1998 年颁布、包括后续修订的 11683 法其第一百零一条的限制规定。

第六十九条第一款第（A）项的资合公司、第十六条后增设的第一无名条中规定的固定场所和第四十九条第一款第（B）、（C）、（D）项所指的其他主体——除前一条第三款提到的外——与和它关联的国外下属企业、分部、固定场所或境外其它类型单位进行的交易也受同样的条件限制。

对第三款所述情形，适用的计算方式有：独立方交易比较价格法、独立方转售价格法、成本加利益法、收入分割法和交易净利润法。实施条例将负责明确上述方法的适用情形并在考虑交易性质和环境的特殊性后制定其他方法。

对于那些国际中间人参与的货物进出口交易，若其既非货物来源地出口人也非目的地进口人，且满足下列任一条件，则应当根据条例细则规定证明其获得的酬劳和其所承担的风险、起到的作用和交易中使用的资产的相关性：

A）按照第十五条后增设的无名条规定，此国际中间人与本地主体是关联方；

B）国际中间人并非前项所指的，但货物来源地出口人和目的地进口人按照第十五条后增设的无名条规定与本地主体属于关联方；

在有国际中间人参与的有价货物出口交易中，若此中间人满足本条第六款所示的某一条件或其位于、成立于、驻于、地址在税务非合作辖区或低税、免税地区，则纳税人在不影响前款要求的前提下应当将进出口合同按照条例规定向联邦公共收入管理局进行登记，登记条目应当包括合同的重点以及（如有）在货物交付期相关市场里的市值比较得出的差距，或报价之外的溢价形成或者协定折扣时所考虑的因素。如果合同没有按照条例规定进行登记或登记不达要求的，则无论和国际中间人就价格做何约定，将根据货物起运日——无论何种运输形式——当天的市场报价，包括相应的比较调整，来确定出口交易中来源于阿根廷的收益。联邦公共收入管理局可将此登记的义务扩展到其他具有公开报价的货物的出口交易。

　　本条所指的主体应当按照条例相关规定提交年度特别申报，申报内容应包含足够的信息便于分析、选择、核实协议的价格，以及境外相关的信息以保证管理局可单方面或根据已签署的双边协议规定与他国政府指定的税务机关一同实施查验。

　　实施条例应当规定适用前款义务需要满足的财税年度最低开票收入和适用转移价格审查的最低交易额。①

　　同理，实施条例应当明确从事本条第六款至第八款交易的纳税人所提交信息应包含的内容。

　　第一无名条　本法所提到的关联指的是一个主体和与之进行交易的自然人、法人或其他单位及场所、信托或等同机构之间，共同直接或间接地接受同一些自然人或法人的指挥和控制，或者这些自然人法人以资本参与、债权持有程度、职能影响力或其他合同或非合同形式在引导和制定前述公司、场所和单位的经营活动上拥有决定力。

---

① 即需要申报的最低门槛。

实施条例可明确前款所述关联的具体情形。

第二无名条　非合作辖区。对本法来说，任何"非合作辖区"提法应当理解为指的是那些没有与阿根廷签订税务信息交换协议或含有广泛信息交换条款的避免国际双重征税协议的国家和辖区。

同理，那些已经签署含前款所述条款的有效协议的但是却没有切实执行信息交换的国家也被视作非合作国家。

本条所指的约定和协议应当达到阿根廷承诺的透明和税务信息交换的国际标准。

行政机关将根据本条标准制定非合作辖区的清单。

第三无名条　低税或免税辖区。对本法来说，任何"低税或免税辖区"提法应当理解为指的是那些企业最高所得税率低于本法第六十九条第（A）项规定税率百分之六十（60）的国家、领域、辖区、领地、从属国或税收特区。

17

第十六条　除第五条规定的外，政府发放给驻外代表机构人员或其他被委任在国外获得职务人员的个人工作工资收入或酬劳被视作来源于阿根廷。

无名条　固定场所。对本法来说，"固定场所"一词意思是境外主体藉此开展所有或部分经营活动的固定营业地。

所以"固定场所"一词也特别包含以下情况：

A）领导层或管理层所在地；

B）一个分部；

C）一间办公室；

D）一间工厂；

E）一个车间；

F）与勘探、开发、开采自然资源包括渔业有关的矿井、石油或天然气井或其他地方。

"固定场所"一词还包含以下情况：

A）在境内实施超过六（6）个月的工程、建筑、组装或安装工作或者相关的监督工作的；

若境外居民分包给与前述相关经营活动相关联的企

业，则这些分包商用于开展活动的时间应当计算在这个时间限制之内；

B）境外主体直接提供的或通过其聘用的员工或人员提供的服务，包括咨询师服务，只要是在境内进行的且任何十二（12）个月时间段内其总时长超过六（6）个月的。

在计算第三款第（A）、（B）项的期限时，若根据本法第十五条后增设第一无名条的规定属于关联主体从事的经营活动，只要这些活动内容一样或类似，则被视作统一进行。

"固定场所"一词不包括以下具有辅助或准备性质的活动：

A）仅为了保存或展示属于企业的财产或商品而使用设备场地的；

B）仅为了保存和展示属于企业的财产或商品而对所在的仓储场所进行维护的；

C）仅为了让属于企业的财产或商品被另一企业加工而对其所在的仓储场所进行维护的；

D）仅为了采购资产或商品或为企业搜集信息而对设立的固定业务场所进行维护的；

E）仅为了开展具有类似特征的其他活动而对设立的固定业务场所进行维护的；

F）仅为了开展前述任何 A）至 E）中多项活动而对设立的固定业务场所进行维护且综合开展这些活动并不改变其辅助或准备工作的性质。

无论前款规定如何，若某境内主体以境外某自然人、法人、单位或资产的名义在境内活动且满足下列条件则被视作存在固定场所：

A）拥有或惯常地行使授权并以此自然人、法人、单位或资产的名义完成合同，或在完成合同过程中具有重要作用；

B）在本国设立资产或商品的仓储地并惯常地以境外主体名义从此地交付资产和货物；

C）承担属于境外居民主体的风险；

D）从事经济利益上属于境外居民、而非自身的活动；

E）获得与经营结果无关的酬劳。

若某主体仅仅通过代办、掮客或其他具有独立地位的中间人在本国开展业务，而这些人是在自身惯常业务范围内活动且与被代理企业间的商业和资金关系与独立体之间无异，则不认为此主体具有固定场所。但如果某主体完全或主要以某境外某自然人、法人、单位或资产的名义或具有关联关系的其中某几个的名义开展活动，则此主体不被认为和这些企业之间属于本款所述的独立个体。

净所得和应税净所得

第十七条　为了确定净所得额，应当依照本法规定的方法从总收入里减去为了获得收入、维持及保存收入来源而承担的、且本法允许抵扣的必要费用。

为了得到应税净所得，应当从第一、第二、第三和第四类的总净所得里减去第二十三条允许抵扣的数额。

任何情况下都不允许抵扣免税所得或非应税所得[①]相关的费用。

若根据本法规定计算的奢侈品、个人娱乐和类似投资结果亏损，这些亏损不得就本税相关规定参与计算。

---

① 　免税指的是法律豁免的应税行为来源收入，而非应税收入指的是本就不属于税法规定的应税行为来源收入。

财税年度以及收入费用的划归①

第十八条 每个财税年度始于 1 月 1 日终于当年 12 月 31 日。

纳税人应当按照下列规则划归其所得至相应财务年度：

A）非工商类②、商业、工业、农业渔业、矿业企业主或合伙人所获得的收入划归为相应会计年度结束时的财税年度。

第四十九条所指的收入被视作属于其发生的会计年度结束时的财税年度。

除非税务总处发布行政命令根据经营活动性质和其他特殊情形另行指定会计年度关账日期外，若经营活动没有设立会计账本则其会计年度被视作与财税年度重合。

发生在某会计年度的收入则被视作属于此会计年度所得，但对于信用融资账期超过十（10）个月的商品销

---

① 为便于阅读和理解，对于所得和费用在时间上面的归属一般译作"划归"，在来源地的归属一般译作"归属"。

② 此句所指的主体主要与下段的资合企业区分开来。

售所得收入可以选择将其划归到可催收时刻①，只是此种选择需维持五（5）年，且其使用程序需遵照实施条例的规定来执行。前面允许的划归标准也可适用于本法和实施条例明确提到的情形。第六十九条的主体派发的股息和分红以及证券、债券、共同投资基金份额和其他有价证券产生的利息和收益应当划归为以下情况发生时的会计年度：i）处于可用状态下时或被支付时，二者选先；ii）若证券规定了不超过一年期限的利息或收益支付，则其被资本化时。

对于支付期超过一年限的，其划归按时间周期确定发生。

对于自然人或未分割遗产来说，以高于或者低于其剩余票面价值的价格发行或购买这些有价证券的，其差价将按照第九十条后增设第二无名条第 c）、d）项的程序来确定划归；

B）除了第一类收入按照其发生时为划归标准外，其余均划归为收入实际收到时的财税年度。

第九十条后增设第一、第四和第五条所指的收入将划归为实际收到时的财税年度。第九十条后增设第四和

---

① 即账期到期日。

23

第五无名条所指的交易，如果是可通过分期支付且期限跨越一个财政年度的，则其所得将根据每个财政年度实际收到的分期金额比例进行划归。

董事、监事或监事会成员的董事、监事费以及执行合伙人的酬劳应划归在通过分配这些费用和酬劳的股东会或合伙人会议召开时的财税年度。

退休基金支付的退休或养老金收入和担任政府公职获得的工资所得或受雇获得的劳务所得却因集体劳动合同、章程、级别的追溯条款、司法判决、服从诉讼要求或管辖机关出具的行政复议决议原因而导致其收入发生在之前的会计年度而实际收到在之后某会计年度的情况，都可由受益人将它们划归在各个相应的会计年度。① 如果选择此种划归方式则意味着纳税人放弃已经获得的时效。②

规定或认定利息——除流通证券产生的外——租金或其他相似收入，如果应当按照发生来划归的，则应依

---

① 此条主要目的是为了避免大量收入聚集在最后导致大量交税。

② 指的是已经过去的会计年度。

时间周期进行。

前述关于所得划归的规定除非另有特殊规定的也同样应关联地适用于费用划归。不能确定属于某所得源泉的费用将在被支付的会计年度里抵扣。

由于调整导致的税差和产生的利息应当根据费用划归方式而选择计算在税局可催收的会计年度或实际缴纳的会计年度。

按实际收到来进行划归的所得，在下列情况均被视作实际收到收入和实际支出费用：以现金或实物形式收到或支付，以及在可用状态下存入了所有人的账户，或在其明确授意或默认下做了再投资、累积化、资本化、充入公积金或待摊基金或保险——无论其名头如何——或以其他形式被处置。

对于受保险监察中心管控的机构所管理的私人养老保险来说，只有获得以下时才被视作实际收到：a）保险条款规定条件达到而产生的利益；b）无论因何原因造成的被保险人养老金赎回。

本地企业与关联的境外人或单位或成立于、驻于或地址在税务非合作辖区或低税、免税地区的人或单位发生费用且产生源于阿根廷收入的，其向税务资产表的划归必须在实际付款时或本条第六款情形下——或至少因费用产生而应当进行相应申报的期限内满足这些条件的——才可做出。

亏损与所得抵消

第十九条　境内居民的自然人和未分割遗产的来源于阿根廷净收入总和是通过当前财税年度获得的每个类别内、各类别之间净损益相加、相抵计算得到的。

首先应将每个类别内的经营净结果相加相抵，但这不包括本法第四编第二章所指的投资——包括数字货币——和交易所得。同理，若此类投资和交易产生亏损，则此亏损具有特异性质，因而其只能和将来同源同级的收入进行相抵。所谓的级，指的是之前援引的第二章每个条款所包含的收入整体。

若按照前款规定进行相加相抵后某个或某几个类别出现亏损，则这些亏损总额应当依次与第二、第一、第

26

三和第四类的净收入相抵。

本条所述的亏损不包括第二十三条指出的本法允许抵扣的名目。

对于第四十九条第（A）、（B）、（C）、（D）、（E）项和最后一款包含的主体来说，以下来源的亏损被认为是特异性的：

A）无论任何主体获得的来自转让股票、股份代券、持股凭证、其他证券存单及公司份额和公司所有权，包括投资基金份额、金融信托凭证以及其他信托和相似合约衍生的权益——数字货币，凭证，债券和其他证券所录得的；

B）从事第六十九条第二款描述的活动。

同理，无论任何主体因衍生票证和合同的权利义务——除套期保值操作外——而获得的亏损均被视作特异来源。为此，若一衍生交易或合同的目的是为了减少市场价格或利率未来的浮动而对资产、债务和主营业务经营成果造成的影响，则认为它是属于套期保值交易。

在阿根廷大陆架或者专属经济区内对生物或非生物

27

自然资源进行勘探和开发相关活动的——包括此区域内的人工岛、设备、搭架——而获得的亏损只能和来源于阿根廷的净所得相抵。

报税亏损既不能与应当缴纳的唯一终定类型税①的所得相抵也不能与第四编第二章包含的所得相抵。

一个财税周期产生的报税亏损如果不能被当年度应税所得消化完的，可以用后续年度的应税所得继续抵扣。亏损产生的那年度之后的五（5）年后——根据国家民商法典的规定计算——仍然余下的亏损额将不能再在以后的年度做任何抵扣。

被视作特异性的亏损只能与当年或后五（5）年——根据国家民商法典的规定计算——同样来源、同样交易类型的净利润相抵。

亏损数额应根据国家统计调查局颁布的国内批发交易价格指数其对应产生亏损会计年度关账月和清算亏损会计年度关账月的数字来调整。

---

① 专指代扣人无成本、费用抵扣情形下一次缴纳即完成所有相关纳税义务的情形。

来源于国外的经营活动亏损只能和同源所得进行抵扣，其做法遵照本法第一百三十四条的规定执行。

免除

第二十条 下列情况免税：

A）国家、省级、市级和它们下属机关的财政收入，除第22016法第一条包含的单位和机构外；

B）国家法律规定的免税单位所得，只要免税范围包括本法的税种并且其收入直接来源于免税政策针对的开发或经营活动；

C）在存在对等条件下，其他国家派驻在本国的外交、领事和其他公务人员因其履行职责获得的的劳务所得；其他国家用来作为办公室或其代表住所的建筑产权的相关收入以及税收存款的利息；

D）无论何种形式的合作社的利润以及消费类合作社向其社员分发的无论何种名称（返还金，股息等等）的利润；

E）宗教机构所得；

F）从事社会扶住、公共卫生、慈善、救助、教育引导、科技、文艺、艺术、工会和体育智育行业的团体、基金会和民间机构，但这些收入和资产应服务于它们成立的目的并且不得间接或直接地分发给其成员。部分或全部收入来源于公开演出、博彩、赛马等类似行业以及金融或信贷行业——除了养老金、专家协会①等国家和省级法律建立的、认可的机构为了对资产保值而做的金融投资外——的单位不在此免税范围内。

前一段所规定的免税条件不适用于开展工商活动且具有工会性质的基金会和民间团体机构，除非这些活动确与其机构成立目的相关并且产生的收入不超过实施条例规定的总收入中的占比。若超出，则免税条件不适用于这些经营活动的结果。

G）满足相关法律法规规范的共济社机构的收入以及他们提供给参社人员的利益；

H）第 21526 法及其后续修订中规范的金融单位法律体系里的机构所设立的储蓄账户存款和特殊储蓄账户产生的利息；

I）行政、司法机关背书的劳务欠款附带的利息。

辞退时支付的工龄赔偿金和因事故和疾病导致的死亡或残废而支付的本金或收益，无论这些款项是由民事

①　此处的"专家协会"指的是具有一定行政职能的国家级或省级的律师协会、公证员院、会计师协会等。

法和社会保障特别法规定支付的还是因执行保险合同条款支付的。

退休金、养老金、提前退休金、补贴、事假或病假期间所得、因辞退时无预先通知的赔偿金、保险监察中心控制范围下的单位所管理的私人退休保险计划减去不可抵扣保费后的收益或赎回额——除因受保人死亡或残疾触发的外——均不享受免税；

J）来自著作权开发和第 11723 法保护的权益而带来的收入中不超过一万（10000）比索的部分，但前提是纳税义务直接由著作人或其权益持有人承担、相关著作在国家著作权处登记备案且收益来自作品的发表、执行、表现、展览、转让、翻译或其他复制行为而非来自委托完成的作品或无论是否有合同下承认作品归属的租赁或服务所得。此免税条不适用于境外受益人。

K）（废除）

L）符合第 25300 法第一条和其他补充文件对于微型、小型和中型企业类别定义的出口商所获得的间接或直接影响其产品和/或其使用原料和/或服务的国内已缴纳税款的补偿和返还；

M）运动和体育团体所得，只要这些团体不具营利性、不进行或授权赌博，且根据行政部门的实施条例，其纯粹社交的活动并不妨碍运动体育活动的主导性。

在存在对等的情况下此免税项也适用于境外的团体。

N）资本化证券或债券、寿险和混合形式保险合同下支付的保费或份钱与到期时收到的本金之间的差额——除保险监察中心控制范围下的单位所管理的私人退休保险计划外；

O）住宅租金和转让所得；

P）股份发行溢价以及有限责任公司、两合公司、股份制两合公司对于其合营资本对应的份额因认购、出资购买份额或公司所有权超过其票面价值的出价额；

Q）（废除）；

R）具有法人资格的、总部设在阿根廷的非盈利性国际组织所得。

那些在国内没有法人资格且总部不在阿根廷的非营利性国际组织，若是被宣告具有国家利益的，其收入仍被认为符合上一段条件；

S）不超过实施条例规定的限制条件的国际组织或外国官方机构给予的发展贷款的利息；

T）阿根廷中央银行和国家、省、市和布宜诺斯艾利斯自治市的财政部门在境外获得的贷款的利息；

U）捐赠、法定遗产、遗赠遗产和《特定游戏及体育竞赛奖励金税法》所指的收益；

Ｖ）无论任何来源或性质的债权因指数调整①而获得的金额。属于按照实际收支方案②确定收入划归的债权调整金额只有在划归日期后的部分才适用免税。汇率变化也被视作包含在本项所指免税范围内。

本项所指的调整——除了汇率变化和法定及司法规定以外——应当来自于协议各方明确规定。

本项免税条件不适用于第十四条第四款规定情况下的付款，也不包括其他特殊法已经规定免于此税的或构成来源于国外收入的调整金额；

Ｗ）居住在国内的自然人和未分割遗产因对股票、股份代券、持股凭证进行买卖、置换、交换或处置而获得的结果，只要这些交易并非由本法第四十九条第（Ｄ）、（Ｅ）项和最后一款的主体做出即可。此免税条件对那些主体同样适用于第 24083 法及后续修订的第一条第一款中规定的共同投资基金份额赎回交易，只要此基金出资认购不低于实施条例规定的额度，并且满足下一段列出的条件。

前段的政策只适用于：ａ）国家证券委员会授权公开

---

① 此处"调整"专指依法按照通货膨胀或物价等指数而对债权定期或不定期进行额度更新。

② 针对按照资产负债方案来确定划归的收入而言的。

发行的；和/或 b）交易是在委员会授权的市场模块完成，并且保证其价格、时间优先原则和买卖占位；和/或 c）交易是以公开收购和/或委员会授权的交换形式达成的。

根据第 23696 法第二章和其他相关规定的私有化过程中成立的投资公司、信托机构和其他等具有本税主体特征和承担税收义务的人，对通过其第三章制定的共有产权方案而产生的股份进行的交易也适用于本项第一段的免税要求。

本项的免税条件同样适用于境外受益人，只要其并非居住在税务非合作辖区或其投资资金并非来源于这些辖区。境外受益人得到下列证券的利息或收入或对它们进行买卖、置换、交换或处置而获得的结果也免税：（i）公开发行证券——国家、省、市、布宜诺斯艾利斯市政府发行的证券、中短期债券和其他债券；（ii）第 23576 法第三十六条及后续修订指的可转让债、依国家民商法成立的金融信托机构公开发行的债券和第 24083 法第三十六条及后续修订的第一条包含的本国成立的共同投资基金公开招募的份额；（iii）发行主体为住址在、成立与或落户在阿根廷且国家证券委员会授权公开发行、但发行地在境外的股份代券和持股凭证。

前段规定不适用于阿根廷中央银行发行的短期债券。

国家证券委员会有权在其职责范围内根据第 26831 法规定制定本条所列条件的实施细则并监督实行；

Y）第 22016 法第一条包含的单位和组织因废弃物处理及各种环境污染治理和保护——包括咨询——而获得的收入且这些收入被再投资于这些事项的；

Z）处于雇佣劳动关系的工作者因节假日、非工作日和周末加班根据劳动法律法规计算的应得收入与平日等量工作时间收入的差额。

当（H）项的金融性质利息或（V）项的指数调整与第八十一条（A）项所指的利息或调整共存的时候，则免税只限于两者抵消之后的正余额。

第（F）、（G）、（M）项的机构如果在某财税周期向董事会、管理层和控制机构任何成员以无论任何名义——包括公司名义的费用或类似——支付超过公司行政人员最高三（3）次工资年度平均数百分之五十（50）的，则免税条款不适用。同理，那些根据其成立章程和运作规定不能支付酬金的单位，无论支付酬金数额大小，均不得被免税。

第二十一条　本法或其他法规定的针对本税的部分

或全部免除免征，若是在适用过程中导致了收入向他国财政转移的，则对引起转移部分的免税无效。此规定与前一条第（T）、（W）项、第九十条后增设第一、第四无名条规定的免税或与本国缔结的有关双重征税协议规定有抵触时不适用。转移额度应当根据纳税人提供的证明文件来确定；不提交文件的，将把所有免税免征的金额视作被转移，并按照所得类型适用相关法律处理方式。

国外主管单位或者授权行业协会提供的相关证明将被视作充足的文件支持。

丧葬费用

第二十二条　无论属于何种来源所得，只要在本法限制范围内且满足实施条例规定的要求的，则可以以丧葬费的名义按纳税人本人死亡或依第二十三条规定每个视作受其供养者死亡抵减不超过四① （4） 分比索的费用。

---

① 从 1997 年至今此允许抵减费用已调整至 966. 23 比索/人。

非税所得及家庭负担

第二十三条 自然人有权从其净所得中抵减下列项目：

A）属于本国居民的，总数为伍万壹仟玖佰陆拾柒（51,967）比索的非税所得；

B）家庭成员属于本国居民、由纳税人供养、其年净所得——无论来源且无论是否是本税主体——不超过伍万壹仟玖佰陆拾柒（51,967）比索时的如下家庭负担费用：

1. 肆万捌仟肆佰肆拾柒（48,447）比索的配偶费用；

2. 每个未成年或因公残疾的儿子、女儿、继子、继女两万肆仟肆佰叁拾贰（24,432）比索的子女费用。

此项抵减只能由具有应税所得的最近的亲属做出；

C）以第（A）项数额作为基准倍数的如下特殊抵减：

1. 第（A）项的一（1）倍：自然人自身投入工作的经营活动或企业所获得的第四十九条规定的收入和第七十九条——除下段所指的外——包含的净所得。若属于实施条例中所规定的"新专业人士"或"新企业家"，则抵减倍数额从一（1）倍增至一点五（1.5）倍。

把本段前述有关收入和相关经营活动的抵减额纳入计算的必要条件是以个体户身份向阿根廷养老综合系统或相应替代养老账户强制缴纳费用；

2. 第（A）项的三点八（3.8）倍：获得的净收入来源于第七十九条第（A）、（B）、（C）项。

实施条例应当规定获得这两段所指收入应当遵循的处理程序。

若来源于第七十九条第（C）项所得是来自于特殊的养老方案即根据受益人的工作岗位不同而给予不同的养老金数额、上调方案、应当获得退休收益的年龄和工龄的，则本项第一段第二点所允许的特殊抵减将不适用。对于因重体力活或不健康工作环境及引起早衰的工种和教职员工、科学技术人员、军队和特勤退休人员的专门养老方案不属于前述特殊养老方案。

财政部下属的自主管理机构联邦公共收入管理局应规定第七十九条第（A）、（B）、（C）项的收入如何按本条的规定来进行抵减，以便代扣单位将法定年度奖金除以十二（12）并把此十二分之一加入其月工资来进行计算。

雇佣关系的工作者若工作在或退休人员居住在第23272 法第一条及后续修订规定的省份和地方时，其个人可抵减额度应增加百分之二十二（22）。

若根据第 24241 法第一百二十五条及其后续修订定义的最低保证收入的六（6）倍数额高于本条第（A）、（C）项规定的针对第七十九条第（C）项收入的抵减额，则应当由其代替之作为被抵减数额。

但若纳税主体得到或获得不同于前述性质来源的收入则前款规定不适用。同样，按照规定应当缴纳个人财产税——除独因唯一住所产权而需要缴纳的外——的个人也不得适用前款规定。

本条规定的数额从 2018 年（含）应每年进行调整，调整系数为每年十月稳定劳工应税平均收入系数照前一年度同期的变化比。

第二十四条　第二十三条第（B）项规定的抵减以月为时间单位，在事件发生或停止的当月按整月计算（出生，结婚，死亡等）。

就死亡的情况来说，第二十三条规定的抵减以月为时间单位，在此事件发生或停止的当月按整月计算。未分割遗产应遵循同样的标准计算死者本应有权享受的抵减。

每月纳入计算的金额应当按照第二十五条第三款所指的方式来得出。

第二十五条 第二十二条、第八十一条第（B）项的数额和第九十条规定的层级应当使用税务总处在国家统计调查局提供的数据基础上拟定的系数进行年度调整。

计算使用的调整系数的制定应考虑一般水平的大宗交易价格并将本财务年度月度指数平均与前一年的指数平均相关联。

第二十三条所规定的年度金额应根据每月调整金额总和来计算得出。每月的金额应在前一月基础上进行调整，从每年 1 月份——以上财税年度 12 月份为基础——根据国家统计调查局发布的一般水平的大宗交易价格变化开始调整。

若税务总局规定需要对第七十九条第（A）、（B）、（C）、（D）项收入应缴税进行代扣，则应在按照本条对各个情形规定的办法进行计算时做出临时的金额调整。代扣人也可选择按季度来做此调整。

税务总局可在适用本条规定调整金额后向上将其增加至十二（12）的倍数。

居留的概念

第二十六条　第二十三条有关抵减内容里提到的那些居民，指的是在财税年度内在本国居住时间超过六（6）个月的自然人。

本法所指的本国居民也包括身处国外但供职于国家、省、布宜诺斯艾利斯自治市或市级政府的自然人以及在那些阿根廷为成员国的国际机构任职的阿根廷籍自然人。

换算

第二十七条　所有进入本国的或以支付的形式被给与或收到的、且不存在确切的以阿根廷货币结算价格的物品，除本法特殊规定外均应以收到支付品日期以阿根廷货币进行算价。

在适当的情形下应适用第六十八条的规定。

婚姻关系所得的构成

第二十八条 （废除）

第二十九条 无论夫妻财产约定方案为何，来源自以下的收入将属于夫妻个人：

A）个人经营活动所得（独立专业人①、手艺人、职工、工商业者）；

B）自有资产；

C）其他购入资产属于个人出资的比例或在无法确定此比例时按百分之五十（50）计算。

第三十条 （废除）

---

① 这部法律所说的"专业""专业人士"一般指的是以个体户性质从事律师、会计师、建筑师、医师等等行业的人员。

未成年人所得

第三十一条　（废除）

夫妻关系财约

第三十二条　（废除）

未分割遗产

第三十三条　未分割遗产在继承人法定宣告或遗嘱宣告生效日期之前是本税的纳税人，应当根据第二十三条规定在其限制范围内计算死者应有权获得的抵减并缴纳税款。

第三十四条　法定宣告继承人或遗嘱宣告生效后直到分割账户以司法或非司法方式被认可的这段时间内，夫妻未亡一方及继承人应将根据社会权和继承权把遗产产生总收入按属于他们每个人的比例纳入他们自己所得申报中来。被遗赠人也应将遗赠物所产生的收入纳入其总收入中来。

从分割账户被认可日起，所有的权利人应将被分割至其名下的财产的收入纳入其所得申报中来。

第三十五条 死者承担的确有亏损可根据第十九条的方式以法定宣告继承人或遗嘱宣告生效之前其遗产产生的收入相抵。

如果仍有亏损结余，夫妻未亡一方及继承人从把遗产或继承物产生的收入纳入个人税务申报后的第一个会计年度后将以同样方式进行相抵。前述的相抵也只能从亏损产生后五（5）年内（含）与其遗产产生应税所得或继承人自己应税所得之间做出。

夫妻未亡一方及继承人对遗产所遭受的确有亏损也应采取类似方式处理。

继承人和夫妻未亡一方可在税务申报中用来相抵所得的死者和其遗产承受的确有损失的部分应当是对应每个权利人在遗产中所占有比例。

第三十六条 就本税计算而言，若纳税人选择了实际收支方案，那么在他死亡日之前产生或发生的却没有收付的收入所得将根据当事人的选择按照以下方式之一处理：

A）包含在死者最后一次税务申报中；

B）包含在遗产、夫妻一方未亡的、继承人和/或受遗赠人在实际收付那一年的税务申报中。

无票据支出

第三十七条　当一项支出缺乏文件支持或者文件支持被证伪，且没有其他方式证明此费用支出目的是为了获得、维系、保存其应税所得，则不得将其从税收报表中抵扣，并且须替代此不知名或隐藏的受益人以终定形式按百分之三十五（35）的税率纳税。就确定本税征收而言，应税行为发生在做出支出的那一天。

第三十八条　在以下情况无须缴纳前一条所指的税：

A）税务总处认定支付的费用被用作购买资产；

B）税务总处认定支出的费用因其金额大小而不足以在其受益人手里成为可征税所得。

代扣

第三十九条 在税务总处规定的情形下，本税征收将以源泉代扣的方式进行，且总处将规定具体代扣形式。

第四十条 若纳税人没有按照现行规定履行代扣义务，则税务总处可在其税务表中拒绝认可此费用支出。

第二编　所得类型

第一章　第一类所得

土地来源所得

第四十一条　以下的且不应被包含在本法第四十九条内的所得则属于第一类型，须由各自不动产的业主申报：

A）租赁城市和农村不动产的金钱或实物所得；

B）给与第三者用益权、使用权、居住权、抵押使用权、表面权利或其他物权而获得的任何形式的报酬；

C）承租人对不动产进行的、业主因此受益且无须付费部分的改良的价值；

D）承租人承担的直接或区域不动产税和其他税费；

E）承租人因使用业主提供的家具和其他设施、服务而支付的费用；

F）业主自住用来娱乐、度假等用途的不动产的租赁价值[①]；

G）无偿或以不定价格让渡的不动产的租赁价值或被认定租额。

承租人因转租城市或农村不动产而获得的金钱或实物所得也属于第一类型。

第四十二条 除非有反证情况下，所有不动产的租赁价值被视作不低于根据实施条例规定按其所处区位判定的市场租金价格。

以低于所处区位市场价租出不动产或让渡其用益权、使用权、居住权、抵押使用权、表面权利或其他物权的，联邦公共收入管理局可主动估算相应所得。

---

① 租赁价值即如果租出去可以获得的市场租金。

第四十三条　以实物形式收取租金的应当以其价值申报所得，此价值应是当前财税年度实现的价值①或在没有实现的情况下以年终此物品的市场价格为准。在后种情况下，最终的销售价格和市场价格的差距应算做销售实现当年的盈利或亏损。

第四十四条　无偿转让不动产所有权保留用益权——无论何种等级的用益——使用权或居住权的，应当按情况申报使用或租赁②所得，并且无论是否有约定均不得以租赁③名义抵减费用。

---

① 　指的是以售出等形式实现的价值。

② 　此处所说的租赁指的是纳税人使用用益权的结果。

③ 　此处所说的租赁指的是不动产被转让人与纳税人之间可能存在的租赁关系。

第二章　第二类所得

资本利得

第四十五条　以下的且不应被包含在本法第四十九条内的所得则属于第二类型：

A）证券、抵押凭证、债券、国债券、公司债券、担保合同、无论经过公证与否的现金债、优先债或无担保债产生的所得以及一切资本用置的结果，无论其名称及支付形式；

B）动产、权益租赁收益以及使用权费①和周期性补给所得；

C）生存金②和寿险份额及所得；

D）保险监察中心监管的单位所管理的私人退休保

---

① 指的是因物品、权利转让而获得的与产量、销量等呈正相关的浮动收益。

② 指的是根据合同条款在有生之年定期获得的收入。

险合同达标而产生的属于非个人劳动来源①的、减去不可抵减费用②后的净利益；

E）除第一百零一条适用的情况外，对前项所指保险停保而获得的减去不可抵减费用后的赎回金；

F）因履行不做、放弃、不从事某项活动的义务而获得的金额。若这些义务针对的是工商业、专业人员、手工艺、雇佣劳动活动的，则应根据情况将这些所得划归为第三或者第四类型；

G）除了消费类型以外其他类型的合作社派发的股利。若名称为劳动合作社，则适用第七十九条第（E）项规定；

H）以商誉、商标权、发明权、使用权费及类似形式一次或多次的所得——尽管非惯常性从事此种交易的；

I）第六十九条第（A）项所指公司向其股东或合伙人以现金或实物形式派发的分红和利润；

J）金融衍生工具和/或合同中的权利义务导致的结果。

---

① 所谓"劳动来源"并非指直接劳动所得，而是因为与个人劳动相关的基金，比如社保基金，在劳动条件满足后（比如工作年限等）触发基金发放条款而得到的养老金等收入。

② 针对是第八十一条关于抵减上限的规定。

另外，当一系列金融衍生工具和/或合同的交易等同于本法已有规定处理办法的另外一项金融交易，则对这一系列均适用与之等同的交易的规定。

K）股票、股份代券、持股凭证、其他股份证券及公司份额和公司所有权——包括投资基金份额、金融信托凭证以及其他信托和相似合约的权益——数字货币，凭证，债券和其他债权证券以及不动产或不动产权利的转让交易的结果。

第四十六条 以现金或实物形式派发的分红，无论其企业资金来源，包括不同时期建立的盈余公积金和本法免税的①、发行股票得到的溢价收入，均被视作其受益人担负税负的应税所得。第六十九条第（A）项第 2、3、6、7 段包含的主体向其合伙人或成员派发的利润应按同样方式处理。②

以实物形式发放的分红应当按它供权利人处置当日的市价来计算其价值。

---

① 这里说的免税指的是作为红利来源的公司利润对于公司来说的免税，而非对于股东等受益人免税。

② 此处与第六十四条规定十分相似，区别在于根据受益人主体特征此收入可划分为第二类所得（第四十六条）或第三类所得（第六十四条）。

因会计调整或市值变动以及将已实现的净利润资本化而增发的股票不被其受益人计入应税所得，也不纳入第八十条所指的计算。

在股份部分或全部回购的情况下，回购价格与股份可计算成本①之间的差被视作红利。被送股的成本被视作等于零（0），其回购价即应税分红。

每一股的可计算成本获得的方式是以发行主体回购前一年已关账的最后一个会计年度的商业资产报表中的所有者权益，减去其已实现净利润组分以及从这些利润中提取的公积金所得的数额作为被除数，以流通的股份作为除数相除。

回购的股票若是曾购于其他股东，则此次回购即意味着股份的转让。为计算此交易的结果，应将以前款规定的可计算成本作为其售价，以适用本法第六十一条得到的金额作为购入成本。

---

① 此法里的"可计算成本""报税成本""算税成本"均指税法认可的、为了确定税收额而接纳的交易中资产的成本，并非国家为了税收而支出的征税成本。下同。

无名条 在下列情况发生时，根据其各项程度被视作是按照第十八条第（A）项第五段所规定的分红和类似利润已处于供权利人处置的状态：

A）第六十九条包含主体的所有者、业主、合伙人、股东、份额出资人、信托人或受益人以任何原因提取的金额；

B）第六十九条包含主体的所有者、业主、合伙人、股东、份额出资人、信托人或受益人以无论任何名义拥有对单位、基金或信托的资产物品的使用和享用权的。在没有反证情况下，处于供权利人处置状态的分红或利润价值被设定为相关不动产市价的百分之八（8）/年和相关其他资产的百分之二十（20）/年。若在同一财税周期内为使用或享用上述财产支付费用的，其支付金额可在分红或利润计算中减去；

C）单位、基金或信托的任何财产被用于担保第六十九条包含主体的所有者、业主、合伙人、股东、份额出资人、信托人或受益人直接或间接的义务且担保被执行了的。此状况发生时，分红或利润的价值为不超过担保额的被执行担保物市价；

D）第六十九条包含主体以低于或高于市价的价格向其所有者、业主、合伙人、股东、份额出资人、信托人或受益人售出或购入任何物品的。此种情况下分红或利润为申明交易价值和市价的差额；

E）第六十九条包含主体为其所有者、业主、合伙人、股东、份额出资人、信托人或受益人支出的、不具有企业利益的费用，除非这些费用被返回，此种情况下适用本法第七十三条；

F）第六十九条包含主体的所有者、业主、合伙人、股东、份额出资人、信托人或受益人收到的工资、费用、酬劳，且不能证明实际提供了服务的或商定酬金金额确合乎服务内容或不超过向提供类似服务的第三方支付的价格的。

在所有情形下，按照本条第一款下各项的计算方式得出的认定值均不得超过这些情况发生日之前上一个会计年度至关账时累积的、对应各个所有者、业主、合伙人、股东、份额出资人、信托人或受益人的份额比例的利润额。超过的金额按照第七十三条有关认定的规定执行。

若上述情况发生在第六十九条包含主体的所有者、业主、合伙人、股东、份额出资人、信托人或受益人的配偶或同居人或其上下第一代或第二代血亲或姻亲身上，则同

55

样认定存在分红和类似利润已处于供权利人处置情形。

对于第四十九条第（B）、（C）项包含的公司和信托依第五十条第四款规定选择以资合公司形式纳税的，以及第六十九条第（B）项第二段所指的固定场所，均适用以上规定。

第四十七条　对本法来讲，使用权费指的是因物品所有权、使用或享用权转移或让渡权利而获得的无论何种命名、所有以每单位的产量、销量、开发量等计算总额的现金或实物收入。

第四十八条　在无明确利率的规定下，除非有反证，否则本法认定所有的债务，无论其来自于借贷关系、不动产销售等，均产生利息，其利率不低于阿根廷中央银行对于商业贴现的规定，但若是存在法定、约定或司法定谳调整的债务，则应当根据实施条例的规定适用交易合适的市场利率。

若债务来自于不动产出售分期付款，则前款所述的法律认定无论是否有反证、甚至在明确约定购销不产生利息情况下仍有效。

第三章 第三类所得

企业利益

第四十九条 包含的收益。下列属于第三类所得：

A）第六十九条责任人所得；

B）在本国成立的其他任何种类的公司①的所有所得；

C）在本国成立的、信托人又是受益人——除非是金融信托或此信托人—受益人②属于第五编包含的主体外——的信托所得；

D）位于本国内的其他个人企业的所得；

E）来源于中介人、拍卖人、受托寄售人和其他商业辅助、未明确包含在第四类的活动所得；

---

① 公司，即"sociedad"，包含工商性质（mercantil）的和非工商性质（civ-il）的。

② 具有信托人和受益人两种身份的同一人。

F）来源于城镇化用地所得和来源于按照国家民商法典规定的房屋使用制度建设并转让的不动产所得和按楼宇片区制度开发并转让的不动产所得；

G）未包含在另外类型里的其他所得。

那些在进行本条包含经营活动时超过联邦公共收入管理局认为合理范围的出差费用现金或实物的报销部分也被认作是属于此类型所得。

若第七十九条规定的专业人士和手工业者的工作活动具有相应的商业开发配套或反之（如诊疗院等），则这些全部活动的所有结果将被视作属于第三类型的所得。

第五十条 第四十九条第（D）项包含的个人企业和第（B）项包含的各类公司的税收报表上面的经营结果分别被视作是完全归属到个体或派发到每个合伙人，甚至不在个人账户账上也同样如此。

同样对于第四十九条第（C）项的信托来说其财政年末获得的经营结果也按其比例归属于各信托人。

前述规定对第四十九条第（B）、（C）、（D）项的主体按照第十九条属于特异性质的亏损不适用，这些亏损应当由企业、公司或信托依照第十九条以亏损的来源来进行抵消。

第四十九条第（B）、（C）项所指的公司或信托若是选择第六十九条第（A）项第八点选项的，则第一、二款规定对于它们来说也不适用。

第五十一条　对于销售买卖资产①的所得，毛利润为按下列条款的计算方式将销售总净收入减去成本②得到的。

销售净收入指的是从销售毛收入里根据市场惯例减去退货、赠金、折扣及其他类似金额得到的值。

第五十二条　在制作税收报表时，买卖资产——除不动产外——的存货价值计量应按照以下方式来计算：

---

① 买卖资产 Bien de cambio，针对资本资产 Bien de capital 或使用资产 Bien de uso 来说的，即专门用于买卖以获利的资产。

② 下面的法律条款并没有明确写出计算销售成本的公式，但业界普遍使用间接法来确定，即：期初余额＋采购额－期末余额。

A）转售商品、原料和材料：以会计年度关账日前两个月的最后一次采购成本计。[①] 若在此期间没有采购，则以年度内的最后一次采购成本经从采购日至关账日指数调整后数值计；

若在年度内没有做采购，则以初期存货报税价值[②]经从会计年度开始日至关账日指数调整后数值计。

B）生产成品：

1. 以会计年度关账日前两个月的最后一次实现的销售价格，减去其中的销售费用和净利润计。

若在前述期间没有销售，则以最后一次实现的销售价格，减去其中的销售费用和净利润，得到的数额经从销售日至关账日指数调整后计。

若没有销售，则以纳税人关账日的售价减去其中的销售费用和净利润计。

2. 如果运行有可确定每项产出成品的生产成本的系统，则应使用适用转售商品的办法来确定存货价值，为此应将成品的加工完成日作为采购日。

在这些情况下应事先考虑计算存货价值使用的方法

[①] 以实现价值作为征税基础是原则，但本条的规定是例外。

[②] 指的是按照税法其具有的价值，因为存在调整、认定等因素，此价值不一定等同与其实际价值。

来确定如何划归原料和辅料成本。

C）生产中的产品：按前项有关成品规定并乘以至关账日产品完成百分比得到数额计；

D）畜牧园：

1. 养殖牲口存栏量：以年度评估估算成本计；

2. 育肥牲口存栏量：以纳税人惯常经营的市场在会计年度关账日市价，按每种商品减去相应销售费用计。

E）粮食、榨油作物、水果和其他除林业开发外的种植产品：

1. 有公认报价的：以关账日市场价减去销售费用计；

2. 无公认报价的：以关账日纳税人制定价格减去销售费用计。

F）耕地：以每项投资额经从投资日至年度关账日调整后计或在满足第五十六条条件时，以在关账日应有的实现价值计。

库存清单应当详细列出每项物品的存货价值及其单价。

存货估值中不允许集体性地将为了应对价格浮动和其他的风险而建立的一般公积金进行抵减。

在进行本条所规定的调整时，使用的指数应是第八十九条规定的那些。

就本法而言，股票、股份代券、持股凭证、其他股份证券及公司份额和公司所有权——包括投资基金份额、金融信托凭证以及其他信托和相似合约的权益——数字货币，凭证，债券和其他债权证券均不被视作买卖资产，因此它们处理方式应当根据本法专门为其做出的规定来执行。

第五十三条　年度估算成本系统应按照以下方式使用：

A）除（C）项外的猪牛羊养殖：以每种动物年度关账前三（3）个月销售量最大品种在此期间内的销售价格加权平均数的百分之六十（60）作为基准值。

若在此期间内没有销售过自产牲畜或销售量不具有代表性，则应当以同期购入量最大的品种采购价格加权平均数的百分之六十（60）作为基准值。

若前段规定不可行，则以畜牧商惯常经营的市场同期记录的销量最大品种销售价格加权平均数的百分之六十（60）作为基准值。

在所有情况下其余品种的价值将以基准值按照第23079 法附件表格中的关系指数调整后得出；

B）除（C）项外的其余动物养殖：以每种动物在关账前三（3）月的销售价格或采购价格或前者均无时畜牧商惯常经营的市场记录价格加权平均数的百分之六十（60）作为无论品种的单头价值；

C）育种牲口：期末育种牲口所属品种在年度期初的存货价值以税收通货膨胀计算系数调整后的数作为其评估价值；

D）若从事养殖的畜牧商其牲畜整个生产流程均在前国家肉类委员会决议 J－478/62、J－315/68 定义的中央畜牧业区域之外的场所进行，则可以选择按照育种牲畜的估价系统来套用在其自产所有牲口上。

开始经营活动的当年的期末存货价值应当根据实施条例的规定依照购入价值来确定。

第五十四条 就本税来说某个农牧业场所里的所有牲口无论其品种均被视作商品。

尽管如此，购入的纯种或者混血纯种育种牲口应当按照第八十四条规定作固定资产处理。

第五十五条 制作税收报表时，属于买卖资产的不动产和在建中的存货价值应按照下面的规定进行计算：

A）购入的不动产：

以包含各种必要交易费用的购入价格经从购入日至关账日调整后数值计；

B）自建的不动产：

以按照前项方式确定的土地价格加上建筑成本后经从购入日至关账日调整后数值计。建筑成本是每项投资经从投入日至完工日调整后相加得到。

C）在建中项目：

以按照（A）项方式确定的土地价格加上经从投资日至关账日调整的已投资总额计；

D）改造项目：

以每项投资经从投入日至改造完工日调整后相加得到的数字再经从完工日至关账日调整后所得数字计。在建中的改造项目，以每项投资经从投入日至关账日调整后相加计。

在出让本条关注的资产时，其成本应当是被售出年度期初存货具有的税收价值。若在同年度售出日前做出投资的，其总成本应包括不经调整的投资成本。

在进行本条所规定的调整时，应使用第八十九条规定的指数。

第五十六条　在对买卖资产进行存货估值时，若能确凿证明这些资产在关账日的市场价格低于按照第五十二条和五十五条方式算出的数额，则可以在证明文件的价格基础上将此市场价格作为其成本价值。若选择如此，应当在使用此方式计算存货价值的财税年度报税时同时告知税务总处其确定其市场价值的计算方式。

第五十七条　若纳税人将其商号的商品用于其个人、家人或其他不计税的行为（娱乐、衣着、向非免税个人或单位捐赠等），就本法而言这些行为被视作等同于与第三方之间的有偿交易按公价进行。

一个公司以其合伙人名义和为合伙人从事的交易也适用此规定。

第五十八条　转让可摊销资产时，其毛利润应从销售价格中减去按照以下办法得出的可计算成本得到：

A）购入资产：

以购入价格，先经从购入日至出让日调整后再减去正常摊销的金额计。摊销金额应根据第八十四条第一点关于可使用寿命中已折损部分的规定或专门法条规定的摊销计算方式在已调整基础上计算得出。

B）加工、生产或建造的资产：

加工、生产或建造成本是每项投资经从投入日至加工、生产或建造完成日调整后相加的金额，在此金额基础上再经从完成日至出让日调整后减去按前项规定方式计算的摊销额。

C）被用作使用资产的买卖资产：

按照（A）项规定方式计算，以其被使用的年份期初存货的报税价值作为购入价格，以年度开始日作为购入日。若使用的资产不在期初存货里，则应将当年度内最先购入的成本价作为购入价格，而调整也须从这里所说的购入日开始计算。

依第六编进行通胀调整的主体，在其确定算税成本时应将购入成本、加工成本、投资成本或使用成本调整至出让前一年度关账日。同理，若出让资产在同年度购入的，就确定算税成本而言则不应对这些资产的购入价值进行调整。这些规定在第九十五条最后两款规定条件满足时适用，否则适用本条前款规定。

在进行本条所规定的调整时，应使用第八十九条规定的指数。

第五十九条　出让非买卖资产的不动产时，其毛利润应为售价减去按以下方式计算得出的算税成本：

A）购入不动产：

以包含必要费用的购入成本经从购入日至出让日调整后所得数值计；

B）自建不动产：

建筑成本以每项投资经从投入日至建造完成日调整后相加计。

以（A）项方式得出的土地成本加上经建造完成日至出让日调整后的建筑成本计。

C）在建工程：

以（A）项方式得出的土地成本加上每项投资经从投入日至出让日调整后总数计。

若在出让资产内做过改良，则改良价值为每项投资经从投入日至改良完成日调整后相加数，其可计算成本为前数经从改良完成日至出让日调整后数值。对于未完成改良工程，其可计算成本为每项投资经从投入日至出让日调整后相加数。

若出让资产曾被经营、投资活动使用并产生应税结果，则应从依前几款所得出的数额中减去第八十三条规定的被上述活动使用期间对应的摊销额。

若出让人属于依第六编应进行通胀调整的主体，则适用第五十八条倒数第二款的规定。

在进行本条所规定的调整时，使用的指数应是第八十九条规定的那些。

第六十条　对于出让商誉、商标、专利、特许经营权和其他类似资产的情况，其毛利润应当是从售价中减去按照第八十九条指数经从购入日至出让日调整且减去对应的摊销额后的采购成本得出。

若出让人属于依第六编应进行通胀调整的主体，则适用第五十八条倒数第二款的规定。

第六十一条　出让股票、公司份额和公司所有权包括投资基金份额时，其毛利润计算方式是从转让价格中减去调整后的购入价；调整方式采用第八十九条的指数，从购入日调整至出让日。对于送股而言，其购入价为调整后的票面价值。无论是否有反例，出让的资产应当是同类同质中最先购入的。①

若出让的股票是从 1985 年 10 月 11 日起以免税分红或不被本税认定为利益的形式收到的，则不计任何成本。

本条规定同样适用于股份代券、持股凭证、其他股份证券、金融信托参与凭证和信托及类似合约规定的其他权益。

若出让人属于依第六编应进行通胀调整的主体，则适用第五十八条倒数第二款的规定。

第六十二条 若在第五十八条至第六十一条所指的资产购入日之前为冻结交易价格而支付了订金或预付金的，则在确定购入成本时应当加上这些支付金额从支付日调整至购入日的调整数额②，调整方式采用第八十九条的指数。

---

① 即先入先出。

② "调整数额"指的是某数经调整后为原值的差，比如 A 经调整后得到 B，B 为 A 调整后的数值，则调整数额为 B－A。

第六十三条 转让数字货币、公家凭证、债券和其他债权证券时，其应有成本等于转让年度期初存货所具有的报税成本。若是在本年度内购入的，则其可计算成本为购入价格。

无论是否有反例，出让的资产应当是同类同质中最先购入的。

第六十四条 红利、因会计调整或市值变动的送股不被其受益人纳入净收入的计算中。

其计算净收入时应在法律限制范围内扣减掉所有未在计算本税时使用过、为了获得此利益而必须支出的费用。

第六十九条第（A）项第二、三、六、七、八段包含的主体在将利润分配给其合伙人、成员、信托人、受益人或份额出资人时也按此办法执行。[①]

第六十五条 若利润源自转让某资产所得，且此资产不属于买卖资产、不动产、可摊销动产、无形资产、

---

① 见第四十六条注释。

70

股票、股份代券、持股凭证、其他股份证券及公司份额和公司所有权—包括投资基金份额、金融信托凭证以及其他信托和相似合约的权益——数字货币，凭证，债券和其他债权证券中的任何一种，则其交易结果为转让价值减去购入、生产、建造成本及改良支出所得数额。

第六十六条　若某项非不动产的可摊销资产不能再使用（弃用），纳税人可选择每年继续摊销直到初值完全折算或者将其未摊销价值与其出售价格之间差额作为利润划归到出售年份的税收表里。

在恰当的地方应当适用第五十八条和第八十四条关于摊销价值调整和资产价值调整的规定。

第六十七条　在替换①并出售某可摊销资产时，可选择将转让利润直接划归至税收报表或者将其划归到新购入资产成本中去，也就是说新购入资产在进行第八十四条所规定的摊销时应当在其成本减去被划归的出售所得利润后的数额基础上做出。

---

① 这里的替换指的是购入、新建资产以代替被出售资产。本条目的是为了促进资本资产的使用和更新。

此项选择也适用于作为使用资产或用于出租、租赁或有偿让渡用益权、使用权、居住权、抵押使用权、表面权利或其他物权的不动产被替换时，前提是它在被出售时其用于前述目的的时间不能低于两（2）年，且只适用于其出售收入中被再投入于新购资产或其他用于前述同样目的的资产的部分，包括土地和农田。

将利润划归入新购资产成本的选项只在两次交易（即出售和替换）在一（1）年之内完成时才有效。

若根据本法和实施条例的规定须把已划归入新购或新建替代资产的出售利润再次划归到某年度，其相应金额应当以第八十九条的指数按照税务总处制定的表格进行调整，调整时期为确定利润的财税年度关账月至再次划归对应的财税年度的关账月。

第六十八条 对以外币计的交易记账时应使用统一的体系，其汇率应当由实施条例针对各种情况进行规定。汇兑差异应由未支付的余额经年度测算得出，或由最后一次测算值与全部或部分支付的金额差距得出，并将其划归到年度税收报表中。

资合公司

税率

以及其他主体

第六十九条 资合公司的应税净所得应按照以下税率上税：

A）百分之二十五（25）：

1. 在本国成立的匿名公司——包括单一股东匿名公司——股份两合公司针对资合者所得部分以及第 27349 法第三编规定的简易股份公司；

2. 在本国成立的有限责任公司，简单两合公司以及股份两合公司针对人合者所得部分；

3. 在本国成立的团体、基金会、合作社、民间单位和互助社，且根据本法无另行税务处置方案的；

4. 混合制公司非免税部分的利润；

5. 第 22016 法所指的单位和组织，并且未被包含在前几段的范围内而且根据前述引用法律的第六条无另行税务处置方案的；

6. 根据国家民商法典在本国成立的信托基金，除信托人与受益人为同一人外的。本段此处规定的例外对于金融信托以及此信托人——受益人属于第五编包含主体时不适用；

7. 在本国成立的共同投资基金，且未被包含在第24083 法及后续修订第一条第一款里的；

8. 第四十九条第（B）项包含的公司以及第（C）项包含的、选择按照本条规定方式纳税的信托。只有在所指主体进行了记账并且可以制作商业报表时才可做此选择，并且从选项适用的第一年度算起五（5）个财税周期内不得更改。

前述第一至第七段主体从成立章程或相应合同日期始便被本项包含在内，而对于第八段的主体，从作出选择后下一个财税年度的第一日始被包含在内。

B）百分之二十五（25）：

第十六条后增设无名条中定义的固定场所所得。

这些场所在将利润汇回总部时还需计算缴纳百分之十三（13）的额外税率。

虽有上述规定，但赌场内进行赌博活动（轮盘、点数、百家乐、二十一点、纸牌和/或其他被允许的游戏）以及电子赌博机器组织的和/或自动完成的（无论是否立知结果）和/或在数字平台上进行的赌局所得均按百分之四十一点五（41.5）税率纳税。此税率同适用于自然人和法人。

财政部下属的自主管理机构联邦公共收入管理局将协调本法第八十条第一款规定制定适用此税率和认定以获得、维护、保存前段所指应税收入为目标支出的费用的操作条件。

无名条　当第六十九条第（A）项第一、二、三、六、七段以及第（B）项包含的主体以现金或实物形式分发红利或利润且其数额超过按照本法规定计算方式所得出的分红日期上一年度关账时的累积利润额时，应当以唯一终定税形式代扣在超出部分基础上百分之三十五（35）的税。

前款所述的每年度利润指的是根据本法一般规定计算得出的利润减去这（些）财税年度就此利润或就其相应比例支付的税金再加上同年度从别的资合公司处获得的、未在计算此利润时考虑在内的分红或利润后所得出的数字。

若分红和利润以实物形式发放，则代扣代缴应有分配的主体或支付机构做出，这并不影响它有权向受益人要求金额返还甚至在返还前推迟实物的交付。

本条规定不适用于按照实施条例规定的情形和要求以公开招募形式出让参与凭证的金融信托。

私人有价证券所得——代扣

第七十条　　（废除）

第七十一条　　（废除）

第七十二条　　若以实物发放的红利或分配的利润在当日的市场价值与其所有被发放的财物的报税成本①有差距，那么此差距将被视作征税范围内，且应当将其反映在供权利人处置或发放时对应年度的单位税收报表里。

第七十三条　　第四十九条第（A）项包含主体做出

---

① 此法里的"可计算成本""报税成本""算税成本"均指税法认可的、为了确定税收额而接纳的交易中资产的成本，并非国家为了税收而支出的征税成本。下同。

的任何对资金或资产的处置而造成对他人有利且无益于企业的，则无论是否有反例，将被认定为引起应税所得，其计算方式如下：

A）对处置资金情况而言，被视为获得按实施条例针对不同币种规定的等额年利息；

B）对处置资产情况而言，被视为获得按不动产市价百分之八/年（8）等额或其他类型资产市价百分之二十/年（20）等额的所得。

若在同一财税周期内为使用或享用这些资产而支付了金额的，则这些金额可以从以上认定的所得中减除。

以上规定不适用于这些主体按照实施条例规定以市场条件为他人处置资产的情况。

同样，在第十四条第三和第四款或第四十六条后增设第一无名条规定的情形下以上规定也不适用。

建筑企业

第七十四条 对于为第三方进行建造、重建和任何形式的修缮且这些产生利益的交易影响了不止一个财税周期，则其毛利润/亏损应当由纳税人选择按以下某一种方式申报：

A）将已经收取的金额乘以根据纳税人对整个工程毛利润率预估百分比计算后的总利益来分配到每个财税周期。

若在过程中发现工程开始时的预估值发生明显变动时，则应对仍未申报的财税周期将使用的利润率系数进行修改。

前面所指的百分比须获得税务总处同意；

B）将每财税周期所有完成的工作应收取的金额减去费用和这些工作的成本组成获得的总利益分配到各周期。

如果按照上述指定方式无法或难以确定利益收入，可依照与第（A）项类似的某一方式来确定已建造所获总利润。

对于影响两（2）个财税周期但工期不超过一（1）年的，其经营结果可在完工日所在的年度进行申报。

税务总处在其认为适当的情况下可允许因为特殊情况（罢工、原材料短缺等）而导致工期超过一（1）年的工程按同样方式处理。

按照第（A）或（B）项方式计算出来的毛利润与完工后最终毛利的总差额应当体现在完工当年。

纳税人选择某一计算方式之后应当对其所有的工程、项目等适用，且不得随意更改，除非税务总处明确同意并且决定应当由哪个财税周期开始接纳计算方式的更改。

矿山，石场和森林

第七十五条　矿山、石场、森林和类似资产的税收价值由其对应成本部分①加上（若有）为获得特许开采权所发生费用决定。

若对这些资产的开发使用导致其作为收入源泉的生产资料的耗损，那么允许纳税人将这种生产资料根据其被开采单位来按枯竭比例进行抵减。实施条例可在考虑本条所指的经营活动的特征和性质的基础上指定适用于此抵减的调整指数。

---

① 指的是仍未开采部分。

　　特许经营人和被许可人为了满足有关职能部门颁布的对技术水平和环境保护提出要求的法律法规而支出的成本属于本条第一款所指的矿山、石场、森林和类似资产的报税价值一部分。这些成本无论在何时被实际支出，都应当体现在按照现行法条这些技术和环保义务产生的时刻。

　　税务总处在技术上理应如此的情况下可允许使用其他系统来处理①这种资产的枯竭性。

　　第七十六条　若根据纳税人提供信息无法确定其对自然森林开采所得的毛利润，则税务总处可自行规定适用的毛利润系数。

公司重组

　　第七十七条　根据本条法律对公司、整套商业资产和各类各种性质的企业和/或开发实体进行重组时，若存续公司在重组日后不少于两（2）年时间段内仍然从事被重组企业之前的经营活动或相关的其他活动，则重组可

---

① 指会计处理。

能得到的结果不属于应税收入。

在此种情况下，下一条所规定的重组主体的税收权利和义务将被转移到存续单位。

在前述时间段之内改变经营活动内容的将触发解除条件①的效力。重组事宜须在税务总处规定的时间内依照其要求向其通报。

若未能满足本法和实施条例为前述重组取得此税收效果②而规定的条件，则应当视其为以非本条规定方案执行的交易，并按照相关的法律规定做出或更改相应的税务申报，而后应按第11683法调整税款后进行缴纳并支付相应利息和附属费用。

若因重组的类型所致而被重组的企业并未被完全转让——除非分立的情况——则其税收权利和义务的转移须预先获得税务总处的同意。

----

① 即从不应税变成应税。
② 即指的不应税的税收效果。下同。

81

下列情况被认为是重组行为:

(A) 已经存在的两个企业合并成第三个或其中一个被另一个兼并;

(B) 一个企业被分立或分割成一个或数个企业并继续共同开展原有企业业务的;

(C) 出售或转让某单位给另一个法律上独立、却同属一个经济整体的单位。

对于其他的出售和转让,下一条规定的税收权利和义务不能转移,而且若分配的转让出价高于市场相关资产的价值时,其税收价值应当为市场价值,高出部分应采用本法对商誉的处理方式进行处理。

为了让重组行为取得本条规定的税收效果,重组前企业所有者应当自重组日后不少于两(2)年时间内持续持有不低于——根据实施条例针对每种情况的规定的——在重组日应持有①的存续企业的所有权份额。

---

① 即实施条例针对每种情况规定了重组日应当持有的所有权份额,而此份额必须在今后两年内被持续持有,才可取得税收效果。

前款的要求对于存续公司股份在自我调节①的股票交易市场交易的、自重组日起上市交易时间不少于两（2）年的情况不适用。

无论前几款规定若何，第七十八条第（1）项和第（5）项所指的时效未过期的税收亏损以及因符合产业发展促进而制定的特殊税收政策而获得的仍未使用的税收豁免，只有在被重组企业所有者证明自己在重组日前两（2）年内或——若存续时间②少于两（2）年的——自成立日起的时间里持续持有存续公司至少百分之八十（80）的资本份额后——除了存续公司的股份在自我调节的股票交易市场交易的外——才能被转移至存续公司。

前几款规定的限制条件对破产债权申报框架下引起的重组和联邦收入管理局为保证企业继续运营而许可的重组不适用。

第七十八条　在前一条规定的情形下可向存续企业转移的税收权利和义务，包括：

---

① 指的是公开、充分的、具有自我调节交易价格功能的交易市场。

② 指的是被重组公司的存续时间。

1. 未过时效的累积报税亏损；

2. 未被划归的、来源于通货膨胀的正调整额；

3. 因每税收周期可接纳额度限制而向未来年度转移的未被使用的税收豁免或特殊抵减额度；

4. 未被抵扣的递延费用；

5. 重组前企业因符合产业发展促进而制定的特殊税收政策而获得的但仍未使用的税收豁免，且新企业继续满足当时获得豁免设置的基本条件。

为此相关法律指定主管部门应当作出相应决定；

6. 使用资产、买卖资产及无形资产的税收价值，且无论其转移分配价值为何；

7. 根据相应法律规定的情形，重组前单位使用了税收豁免而后又出售资产的或进行了资产的报税价值重估继而又存货减少的而因此导致需要向税收报表返还的额度①；

8. 使用资产和无形资产的摊销方案；

9. 财税年度利润和费用的划归方式；

10. 第六十七条指出的——若税收处理办法取决于它——时段计算方式；

11. 法律允许抵扣的计提的划归方式。

———————

① 此项主要讲的是第六十七条规定的情形。

　　若本条第8、9、11点所指的方案系统的转移造成了新企业需要在相似情形下使用不同的标准和方案①，那么除非是可以在在同一个企业或开发实体里应用不同的处理方式，否则它应当在第一个财税年度内选择重组前企业使用的其中之一方案系统。

　　若新公司有意使用与重组前公司不同的标准和方案系统，则在法律和实施条例有此要求时需要征得税务总处的预先同意。

---

① 这里的"标准""方案"都是针对税收而言的。

第四章　第四类所得

雇佣关系个人劳动收入和其他收入

第七十九条　来自以下活动所得属于第四类：

A）无例外的所有任职国家、省级、市级和布宜诺斯艾利斯自治市的公职人员，包括立法和行政机关的选举职位。

自 2017 年开始被任命的国家、省级司法机构和国家检察机关的大法官、公务员和雇员也包含在内；

B）雇佣关系下个人从事的工作；

C）源于个人从事工作——针对其应税部分——而获得的退休金、养老金、提前退休金、各类补贴和合作社类型公司的参事的所得；

D）保险监察中心控制范围下的单位所管理的私人退休保险计划条件满足后因源于个人劳动而支付的收益减去不可抵扣保费后的所得；

E）第四十五条第（G）项最后一段提到的合作社公

司成员自身在公司工作的，通过个人提供的服务获得的、甚至包括其应得的合作社收益所得；

F）自由从业或手工业者和遗嘱执行人、监事、代理、业务被委托人、匿名公司董事和信托被托人所得。

同样，根据第八十七条第（J）项有限责任公司、简单两合公司和股份两合公司的执行合伙人所被分配收入也属于本类型所得；

G）代办、商业分销员、海关报关员的活动所得。

除非本法有其它规定的，在政府和私人企业担任董事和经理职位的，根据实施条例的规定惟因其离职所得——无论任何名义——超过现行劳动法律法规规定最低赔偿标准的部分属于本条包含范围内。若这些离职所得来源于双方合意协议的（包括互相约定或自愿退出等过程），其超出根据现行劳动法律法规规定按照无理由辞退情形所应获得的最低赔偿标准的部分属于应税所得。

因在日常工作地点以外提供服务发生费用而以现金或实物形式预支和报销的酬劳和差旅费，在从事本条所

87

指活动时实际收到的，都被视作本类型所得。①

尽管如此，本法第八十二条第（E）项规定的抵扣在财政部下属的自主管理机构联邦公共收入管理局根据开展的活动、地理区位、提供服务的方式等因素而规定的金额内仍适用，且前述金额不得超过本法第二十三条第（A）项规定的非应税所得等额的百分之四十（40）。

对于长途运输活动来说，前款所指的抵扣不得超过本法第二十三条第（A）项规定的非应税所得金额。

向教职人员以教学材料补贴名义支付的超过本法第二十三条第（A）项规定的非应税所得的百分之四十（40）的部分也被视作为本类型所得。

为此联邦收入管理局将规定适用抵扣计算需要满足的条件。

---

① 正因如此，为在个人报销时避免被计税，普遍的做法是将预支或报销款项打入公司专门建立的子账户。

第三编　抵　减

第八十条　本法在明确的限制条件下允许抵扣的费用应当是为了获得、维护、保存应缴纳此税的所得而支出的，其抵扣方式是从产生费用的源泉对应所得中减去。若支出费用目的是为了获得、维护、保存来自不同源泉的应税的、免税的和/或不应税的所得，则其扣减应当在每个源泉产生的毛利润中以其相应占有部分或比例做出。考虑实用的原因，在不改变应缴总税额时，允许某项或多项费用总额从某一个单独收入源泉中扣除。

无名条　在阿根廷境内发生的费用被视作与来源阿根廷的收入源泉关联。除了本法第八十七条第（E）项规定的外，在国外发生的费用被视作与来源国外的收入源泉关联。然而如果按规定证明这些费用的目的是为了获得、维护、保存本国收入源泉，则可将其扣减。

第八十一条 无论其源泉为何，在本法规定的限制条件下可对财税年度内的所得做出如下扣减：

A）债务利息、其调整额以及因举债、债务更改、偿债而引起的费用。

对自然人和未分割遗产来说，第八十条规定的因果关系应当根据财产分割①原则来确定。因此，前段所述的可抵扣项只有在证明它们源于购买用于获得、维护、保存应税所得的资产或服务而开展的借贷时才适用。若根据本法规定这些应税所得的缴税方式为代扣代缴唯一终定税，则不得进行任何抵扣。

尽管前段有其他规定，然而它所指的主体仍然可以抵扣其用于纳税者或未分割遗产的死者本人住房的房产购置或建造贷款所产生的利息不超过两万（20000）比索/年的部分。对于具有公共区域的公寓来说，其每个业主可抵扣的额度为前述金额中按其所参与比例来确定。

对于第四十九条包含的主体来说，它们从依据本法第十五条后增设条款规定属于其关联方的主体获得的金

---

① 此处财产分割专指因资管、担保、破产等特殊原因或目的而将财产的一部分分割开来特殊对待。

融性质——也即不包括与其业务相关因购置资产、承租和接受服务产生的——借贷的利息，可将其从被划归年度的税收报表中抵扣，且抵扣总额不得超过国家行政机构为此规定的限额或本年度本段所指息前、本法允许的摊销前利润中两者高者。

前段规定的限额可随前三（3）个财税年度按照实际抵扣的利息少于每个年度适用的限额之间的累计差额相应等额增加，但此种根据本段规定将其利用的差额不得是在之前年度已经被使用过的。①

按照前述段落规定未能被抵扣的利息可被纳入后五（5）个财税年度的可抵扣利息，但其机制中包含的限制同样也适用。本项第四段的规定②在如下情况不适用：

1. 对于第 21526 法及修订调整的单位；

2. 对于依照国家民商法典第 1690 条至 1692 条规定成立的金融信托；

3. 对于依照国家民商法典第 1227 条及后续条款规定的条款、条件和要求主要从事融资租赁业务、且其他业务全部属于金融范围的公司；

4. 未超过贷款利息金额的利息额；

---

① 这两段是针对资本弱化而在 2017 年年末专门增加的规定。

② 指的是关于抵扣限额的规定，而非是否能够被抵扣的规定。

5. 在能够确凿证明某一财税年度其第四段限额抵扣的利息在所指净利润里的占比小于或等于此主体所属的经济整体在同年度因对独立债权人的负债所具有的利息在依照实施条例规定的要求按类似方式计算得出的净利润中的占比的；

6. 根据实施条例规定，在能够确凿证明第四段所指的利息的受益人已确实根据本法为此收益支付税款的。

在支付利息时，无论其是否允许被抵扣，均应当按照联邦收入管理局现行关于代扣的规则处理。

对本项第四至第九段而言，"利息"一词同样包含汇率差和因负债引起的、不适用于本法第九十五条第二款规定处理方式的通胀调整额。在主体开展的经营活动类型确有需要时，实施条例可明确第四段规定限额不适用的情形。

B）保险人和被保险人因如下合同支付的金额：

1. 人身死亡保险；

2. 混合险——除保险监察中心监管的单位所管理的私人退休保险合同外——其针对死亡风险支付的保额和储蓄保额均可抵扣。

同样，用于购买按照国家证券委员会颁布的实施条例规定、以提取生存金为目的而成立的共同投资基金份额其按照本（B）项第1、2点限制范围内的支出也可抵扣。

本项所指的可抵扣项无论其是否为单一保额均不得超过四（4）分①比索/年。

超过前述最大限额的部分可在支付年以后合同仍然有效期间的年份内进行抵扣，每年仍不得超过此最大限额，直到被保险人支付金额抵扣完毕为止。

如此递延的可抵扣金额应当根据第八十九条提到的调整指数进行调整，调整期按照税务总处制定的表格从发生费用的财税周期的 12 月起至实施抵扣的财税周期的 12 月止。

C）向国家、省级、市级财政、固定党派基金、被承认的政治党派——甚至包括选举活动时的和第二十条第（E）项包含的机构按照实施条例的规范要求做出的不超过其年度净利润百分之五（5）部分的捐赠。

前述规定在第二十条第（F）项包含的机构的成立主要目的为如下情况时同样适用：

1. 实施非盈利性质的社会救助、慈善医疗救助行为，包括针对儿童、老人、障碍人士和残疾人的；

2. 为学术和教育事业进行的科技研究，且获得文化和教育部下属的科学技术局颁发的针对其科研项目、科

① 从 1997 年至今此允许抵减费用已调整至 966.23 比索/人。

研人员和支持人员的资质认可证明的；

3. 针对政治党派发展进行的经济、政治、社会问题的科学研究；

4. 为获得文化和教育部官方承认的文凭进行的系统教育活动和本科教育，以及其他以促进文化价值的赞助、补贴、开设或维护在其各自辖区内教育及类似部门认可的公立或私立教育机构内进行的免费授课。

D）向养老、退休、生存金或保障基金的出资①或扣费②，并存入其国家、省级、市级的管理账户的；

E）（废除）；

F）其特点属于具有有限使用年限的无形资产的摊销，比如专利、特许经营权和其他类似资产；

G）因纳税人本人和其应承担的家庭负担③的医疗保险向其强制扣除的费用。

同理，向为纳税人及其家庭负担提供医疗救助保险的机构缴纳的份钱或费用同样可被抵扣。此抵扣额不得超过年度净利润的百分之五（5）。

H）纳税人及其家庭负担因享受卫生、医疗、类医

---

① 指的雇主出资部分。

② 指的雇员自付部分。

③ 指的是纳税人按法律应赡养和抚养的家人。

疗救助等以下服务支付的服务费用：a）诊所、卫生所、类似机构的住院费用；b）住院附带费用；c）各专科医生提供服务所支付费用；d）生化师、牙医、人体工学专家、听觉师、心理医生等提供的服务所支付费用；e）医护辅助技工提供的服务所支付费用；f）所有与救助相关的服务费用，包括救护车或特种车运送伤病员服务。

此抵扣须得在服务提供者开具发票后才能做出，抵扣额度不超过其①当财税年度发票总额百分之四十（40），且不能是医疗保险报销系统所覆盖的部分。此抵扣额不得超过年度净利润的百分之五（5）。

I）在纳税人或未分割财产的死者非任何不动产的所有人时——无论其所占份额多寡，其以居住名义租赁的不动产支付租金的百分之四十（40）且不超过本法第二十三条第（A）项规定的限额部分；

财政部下属的自主管理机构联邦公共收入管理局将制定将此抵扣纳入计算的条件；

J）向保险监察中心监管的单位所管理的私人退休保险支付的份钱。

为确定第（C）项第一段、第（G）、（H）项各第二

---

① 指的是提供服务的机构和个人。

段所指的限额，其适用的百分比应当在特定的当年度净利润上做出，即未抵扣这几项所包含金额、未抵减前面年度的亏损、未抵减本法第二十三条所指的金额（若有）的净利润。

国家行政机关将明确第（B）、（J）项所指可抵扣额的最大上限。

各类型所得的特殊抵扣项

第一类，第二类，第三类和第四类

第八十二条 对于第一、第二、第三和第四类所得，在本法允许的限制范围内还可扣减如下项目：

A）对产出收入的资产征收的税和费；

B）为规避产出收入资产的风险而支付的保险费；

C）产出收入资产因偶发原因或不可抗力而遭受的额外损失且未被保险覆盖或被赔偿的，如火灾、暴风雨或其他事故或灾害的；

D）因雇员犯罪行为导致纳税人的使用资产遭受确能被证实的损失且未被保险覆盖或被赔偿的；

E）交通费、差旅费和其他类似酬劳被税务总处认定的部分；

F）因损耗、枯竭或陈旧所实施的摊销和相关条款规定——除第八十八条第（I）项情形外——的弃用造成的损失。

对以上（C）、（D）项的情形实施条例将明确所做扣减在其资产成本里的影响。

第八十三条 被用于产生应税所得的活动或投资的且并非属于买卖资产的不动产，其房产和其他建筑物摊销①应按照房屋或建筑成本、或税收估值计数中房产和建筑物所占比例、或其自行估算的公允价值的百分之二（2）/年来进行，直到此成本或价值摊销完毕为止。

前款规定的摊销的计算应从开始使用资产的财税年度季度或自然年度季度开始进行，直到资产价值摊销完毕的季度或资产被出售或被从这些活动和投资停用的季度为止。

---

① 土地不包括在内。

计算结果应根据第八十四条第 2 点规定方式进行调整。

税务总处在具有确凿证据证明不动产使用寿命低于五十年（50）时可接受按高于百分之二（2）的百分比进行摊销，前提是纳税人在实施摊销的地一个财税年度的税务申报中将此情况通知税务总处。

第八十四条 对于除不动产外的纳税人用来产生应税所得的资产因耗损而进行的年度税收摊销，其数额应按照下列各项规定计算：

1. 将资产的采购成本或价值除以其应当具有的使用寿命年限。税务总处在技术原因要求下可允许使用其他方式（按产量，工作时长等等）；

2. 在前项计算得出的基本摊销额或纳税人根据特别条款得出的摊销额基础之上，根据税务总处制定的表格数据，以购入或建造日至结算财税周期关账日的指数按第八十九条进行调整。此计算后得出的数字即为每年可抵扣的摊销额。

对于可摊销无形资产来说其被抵减的摊销额应根据前款规定来计算明确。

计算可摊销资产的原始价值时不应考虑向同属一个经济整体的单位和采购交易中介支付和/或记入的佣金，除非证明确实提供了服务的外。

第一类所得的特殊抵扣

第八十五条　从包含在第一类型内的收益中还可以抵扣不动产的维护费用。为此纳税人应就位于城市内的不动产选择如下任一处理方式：

A）以凭证为基础抵扣真实的费用；

B）按照不动产毛收入乘以百分之五（5）所得数作为认定费用，此比例包含各项维护费用（修理费、管理费、保险费等）；

一旦作出选择后应按照同样方式处理纳税人拥有的所有的不动产且在做出选择当年（含）后五（5）年内不得更改。

因本身性质而必须记账或聘有管理人员向其报告账目的人不得按照此条进行选择。这些人必须以凭证为基础抵扣真实的费用。

对农村不动产来说均须以凭证为基础抵扣真实的费用。

第二类所得的特殊抵扣

第八十六条 获得使用权费的本国居民受益人可根据情况进行以下项目抵扣：

A）当这些使用权费来源于无论何种性质的资产的永久转让时，此种收入的百分之二十五（25）可被抵扣直到投入资本回收为止，在此期间应根据资产种类适用第五十八条至第六十三条、第六十五条和第七十五条的规定；

B）当这些使用权费来源于被耗损和逐渐枯竭的资产的临时转让时，则根据资产属性应当适用第七十五条、第八十三条或第八十四条的规定抵扣其计算所得金额。

前述抵扣只有对在本国发生的成本和费用才可进行。对于在外国发生的成本和费用，仅允许其以各类项目名义（成本回收或摊销，为获得收益支出的费用，维护费等）实施额度为所获使用权费百分之四十（40）的一次性抵扣。

前述规定对于惯常开展研究、实验等业务以获得易于产生使用权费的资产的本国居民受益人不适用，他们应当按照有关第三类型所得的规定确定其所得。

第三类所得的特殊抵扣

第八十七条 对于第三类所得，在本法允许的限制范围内可扣减如下项目：

A）营业项目本身的费用和其他支出；

B）按照行业惯例和习惯对坏账的合理部分做出的注销和计提。税务总处可对如何进行注销制定规则；

C）成立费用。税务总处可接受纳税人选择将此费用划归到第一年度或在不超过五（5）年内摊销；

D）保险公司、公积金管理公司和类似公司按照保险监察中心或其他官方机构专门的要求用于算数准备金①、存续风险②和其他类似原因的计提金额。

在任何情况下，前一年所进行的技术性计提准备③未被

---

① 即保险公司按照统计方法计算出的预计需要支付的赔付额。

② 即根据保险合同仍然存在且可能因此需要支付赔付金的风险。

③ 指的上一段提到的计提准备。

全部赔付的将被视为所得并被包含在当年应税净所得里；

E）第八条所指的在国外发生的正常、合理的佣金和费用；

F）（废除）

G）为人员卫生扶住、教育和文化扶住、体育俱乐部扶住支付的费用和份钱以及其他所有为员工、雇员或工人支付的扶住费用。同样也可抵扣按照实施条例规定在年度报税期限前向人员支付的奖励、年终奖等。

若考虑受益人工作内容、公司规模以及其他影响酬金的因素认为支付的活动费、奖励金、年终奖金额超过其服务惯常应得的，税务总局可拒绝超过部分的抵扣；

H）雇主向受保险监察中心管控的机构所管理的私人养老保险和在国家合作互助行动局登记并授权的养老公积金和互助养老金支付的不超过每个养老保险参保、参与退休公积金和养老公积金雇员十五分（0.15）[①] 比索的费用。

前段规定的金额应当以第八十九条的指数应每年按照税务总处制定的表格进行调整，调整时期为从 1987 年 12 月至实施抵扣的财税年度的关账月。

本项同样包括根据本法第八十一条第（B）项第二

---

① 从 1997 年至今此允许抵减费用已调整至 966.23 比索/人。

段的规定向受保险监察中心管控的机构所管理的具有储蓄账户的寿险和用于未来支取之用的共同投资基金支付的费用;

I）实际支付并且入账的招待费中不超过财税年度向雇员支付总酬金的百分之一点五（1.5）的部分;

J）第六十九条第（A）项包含的纳税人在本项限制条件内向董事、监事或监事会成员支付的费用和向执行合伙人支付的约定酬劳。

向董事、监事会成员因其相应职务而支付的董事、监事费和向执行合伙人支付的酬金不得超过年度会计利润的百分之二十五（25）或按上述每人一万两千五百（12500）比索计算所得之间取大者，且必须在支付酬金对应财税年度的年度报税期限之前分配完成。若在此期限之后分配，则按前述方式所计算金额应在做出分配的年度进行抵扣。

只有在支付酬金年度公司税收报表体现出应缴税额时，对受益人来说超过上述限额的金额按非应税所得处理。

本法允许从税收报表上抵扣的准备金和计提不影响其在相关风险（如失业保险金等）解除年份的年度纳税义务。

不被允许的抵扣

第八十八条 以下项目无论其所得所属的类别均不得被抵扣：

A）纳税人和其家人除第二十二条和第二十三条外的个人和给养的费用；

B）第四十九条第（B）项企业的企业主或合伙人投入资本获得的利息以及从利润账户支取或以工资形式①支取的金额和无论以什么名义从利润账户支取的金额。

制作税收报表时，上一段所指项目的金额若已被抵扣的，应加在相应的企业主或合伙人的分配所得里；

C）纳税人配偶或亲戚的酬金或工资。若能够证明的确提供服务的，则允许其抵扣不超过第三方提供同样的服务通常所获取酬劳金额的部分，且此部分金额——除税务总处有相反规定外——不得超过企业内最高级别的非亲属员工所得；

D）本法税种及其他因荒废地皮和未开发田地而缴纳的税金；

E）向在国外行使职能的董事会、管委会或其他企业

---

① 指的是企业主或合伙人本人名义。

组织成员支付的酬劳和工资和因在境外提供技术、财务咨询或其他类别服务而支付的费用和其他酬劳中超过实施条例为此特别规定限额的部分;

F)物资采购、永久修缮和因其他有关事项所投入的金额——除因免费转让资产而缴纳税款外。这些费用应成为本法认定的资产成本的一部分;

G)用于增加资本金的或充实本法明确不予抵扣的企业公积金的年度经营利润;

H)商誉、商标和类似资产的摊销;

I)未包含在第八十一条第(C)项内的捐赠,饮食补贴和其他非义务现金或实物补贴;

J)非法经营活动产生的或相关的亏损,包括共谋犯罪,甚至是外国公务员在跨国经济交易里的共谋;

K)公司提取收益以建立法定公积金的部分;

L)汽车和汽车租赁对于第八十二条第(F)项所指的摊销和弃用引起的损耗(包括融资租赁),其超过采购时、发货时、允许使用时或租赁合同签订时其不含增值税的采购成本、进口成本或——若属自产或含购买权租赁的——市场价值超过两万(20000)比索时对应的可抵扣额以外的部分。

不属于买卖资产的汽车所产生的燃油、润滑剂、牌照费、保险费、日常修理费和其他维护和运作的费用超过税务总处每年颁布的每个整体车辆的总费用限额的部分。

本项所规定不适用于以车辆运营作为主要应税经营活动的情形（车辆租赁、出租车、专车、流动摊贩和类似情形）；

M）因使用境外主体拥有的商标和专利支付的费用且超过实施条例为此规定的限额的部分。

调整指数

第八十九条　本法所指的调整应按照第 24073 法第三十九条的规定来做出。

在与前款无抵触情形下，第五十八至六十二条、第六十七条、第七十五条、第八十三条、第八十四条、第九十条后增设第四和第五无名条中规定的调整当其适用于 2018 年 1 月 1 日后的财税年度中做出的采购和投资时应依据联邦公共收入管理局制定的表格，在国家统计调查局提供的国内批发交易价格指数①的百分比变化基础上计算得出。

---

① Índice de Precios Internos al por Mayor（IPIM）

第四编　适用于自然人和未分割遗产的税率及其他规定

第一章　渐进税

第九十条　自然人以及法定宣告继承人前或遗嘱被宣告生效前的未分割遗产应根据以下表格对应的应税净所得纳税：

累积应税净所得位于下列区间的		应首先缴纳	超过下列数额的部分	乘以以下百分比所得数额一并缴纳
高于（比索）	至（比索）			%
0	20，000	0	0	5
20，000	40，000	1，000	20，000	9

累积应税净所得 位于下列区间的		应首先 缴纳	超过下列 数额的部分	乘以以下百分比 所得数额一并缴纳
高于（比索）	至（比索）			%
40, 000	60, 000	2, 800	40, 000	12
60, 000	80, 000	5, 200	60, 000	15
80, 000	120, 000	8, 200	80, 000	19
120, 000	160, 000	15, 800	120, 000	23
160, 000	240, 000	25, 000	160, 000	27
240, 000	320, 000	46, 600	240, 000	31
320, 000	以上	71, 400	320, 000	35

本条规定数字将从 2018 开始（含）每年进行调整，调整系数为调整年度前一年 10 月份长期就业者平均应税酬金[①]相较于再前一年同期数值的年度变化比值。

若本条第一款所指主体的净所得包含源于本法第九编的且来自于股票、股份代券、持股凭证、其他股份证券及公司份额和公司所有权——包括投资基金份额、金融信托凭证以及其他信托和相似合约的权益——数字货币，凭证，债券和其他债权证券中的任何一种转让交易，以及不动产及其相关权益转让的，则这些结果应按照百

---

① Remuneración Imponible Promedio de los Trabajadores Estables（RIPTE）

分之十五（15）的税率纳税。

若净收入包括雇佣关系下的雇员加班所得，则这些所得——除开第二十条第（Z）项所指的外——不应具有更改适用税率的效力，也即这些酬劳应单独根据不算加班所得而确认的适用税率计算其应纳税额。①

联邦公共收入管理局将根据前款规定明确计算应纳税额的方式。

---

① 这一款的意思在使用前述表格确定适用税率时不考虑应税的加班所得。这部分所得在确定适用税率后应单独按已确定税率计算其应纳税额。此款目的是为了避免加班劳务所得导致适用税率升高。

第二章 分类所得税

第一无名条 资本投入有价证券所产生收益。自然人和未分割遗产根据本章第九十条后增设第四无名条将资本投入到相应有价证券所获利得或利息或者在受第 21526 法及其后续修订约束的金融机构设立的定期存款所产生利息均应按照下列按投资类别选择下列税率纳税：

A）以本币设立或发行的且不存在调整条款的银行存款、公开发行证券、可转让债、共同投资基金份额、金融信托债券和类似合约、债券及其他有价证券：百分之五（5）。

国家行政机关可在经济指标变动基础上提交含论据支撑的技术报告后提高本项前段规定的税率，但不得超过下一项所规定的税率；

B）以本币设立或发行的且存在调整条款的或者以外币设立或发行的银行存款、公开发行证券、可转让债、共同投资基金份额、金融信托债券和类似合约、债券及其他有价证券：百分之十五（15）。

实施条例针对本条第一款所指的各种币别的投资根据第 24083 法第一条第一款所设立的共同投资基金份额的赎回操作可按照其对应基础资产比例规定税率适用的方式。

本条规定对于属于境外受益人的出让主体——只要其并非居住在税务非合作辖区或投入资金非来源于税务非合作辖区的——同样适用。在此情况下，对于第二十条第（W）项第四款规定免税范围外的所得则适用于第九十三条的规定，并应当按照本条第一款规定的税率纳税。

第二无名条　利息（或利得）和发行折价或溢价。为了明确因产生利息或利得的有价债券而引起的属于本章或本法第九编所约束所得的情况，应按照以下方式进行：

A）对于以票面残值认购或购入的有价证券，且规定在不超过一年期限内支付利息的，其产生的利息应当划归在支付利息、供权利人处置、被计入本金这三者中任一最先发生时所属的财税年度。对于超过一年期限支付的，其利息依时间逐步发生进行划归。对于有价证券转让的，其认购或购入价格被视作为可计算成本。对于

111

出让而言，若出让时存在前一利息发放日（连续利息）后产生的未纳税的新利息，则纳税人①可选择将这些利息数额从转让价格中扣除；

B）对于购入无论是否在交易所或公开市场交易的有价证券来说，若当时其含有自发行日起或最近一次利息发放日起已发生利息，纳税人②可选择（i）将购入价格视作购入证券的可计算成本；或（ii）将已发生利息从购入价格中扣除。若选择第二种方案，则在利息被支付、供权利人处置、被计入本金三者任一发生时，其应税利息应当是供权利人处置或被计入本金的利息数额与购入当日购入价格中对应此已发生利息的部分之间的差额③；

C）对认购或购入以低于票面价值发行的有价证券且支付的不含已发生利息的价格④低于票面残值的，其折价适用于利息的处理方式，应从认购或购入当月开始直到部分和/或全部摊销或出让任一情况最先发生的月份为止，根据发生时刻划归到各财税年度。实施条例将规定此种处理方式不适用的情形和部分摊销时的划归机制。

---

① 指的是出让者。

② 指的是购入者。

③ 这里的两种选择简单来说一种就是增加成本也增加收入，另一种不增加成本也不增加收入。

④ 即排除此利息在价格中的影响因素。

对于产生的利息将适用前述（A）项规定。为确定转让所得结果应在认购或购入价格基础上增加从认购或购入日起至转让日之间每年应税的折价；

D）对认购或购入有价证券而支付的不含已发生利息的价格①高于票面残值的，为确定被支付、供权利人处置或被计入本金的利息中应税的部分，纳税人可选择将此差额从认购或购入当月开始直到部分和/或全部摊销或出让任一情况最先发生的月份为止，根据发生时刻在各财税年度抵扣。

前述第（B）、（C）、（D）项所指的选项一旦做出即对所有相应投资有效并且持续五（5）年。

本条第一款第（A）项规定的依时间周期发生而决定其划归的，以及第（C）、（D）项所提到的按比例发生的，均意味着对以外币计的有价证券其换算比索的汇率应为每年 12 月 31 日阿根廷国家银行当日收盘时买方价。对于具有调整条款的有价证券而言，其相应计算应在被调整至彼日②后的资本价值基础上做出。

———————————

① 同前一条注释。

② 即 12 月 31 日。

113

第三无名条　分红和类似利润分配。自然人和未分割遗产来源于第四十六条和第四十六条后增设第一无名条所指的分红和利润分配的所得，应按照百分之十三（13）的税率纳税；此规定不适用于因第六十九条第二款所指收入而纳税的主体。

前款所指税款应由分红和利润分配的支付单位代扣。对于属于阿根廷居民且未注册成为本税纳税人的，此代扣税具有唯一终定税性质。

对于第 24083 法第一条第一款以及其修订包含的共同投资基金，实施条例可明确在其向投资人以赎回和/或利润分配和支付形式发放的分红和利润时所应缴税的代扣方式。

本条第一款所指的分红和利润分配支付对象是境外受益人时，则应由支付者进行相应代扣并将前述税额以唯一终定税性质代缴至联邦公共收入管理局。

第四无名条　股票、股份代券、持股凭证、其他股份证券及公司份额和公司所有权——包括投资基金份额、金融信托凭证以及其他信托和相似合约的权益——数字货币，凭证，债券和其他债权证券的出让交易。因自然人和未分割遗产因出让股票、股份代券、持股凭证、其他股份证券及公司份额和公司所有权——包括投资基金份额、金融信托凭证以及其他信托和相似合约的权益——数字货币，凭证，债券和其他债权证券而获得的来源于阿根廷的净所得应根据证券的种类选择下列税率纳税：

A）以本币设立发行的、且不含调整条款的公开发行证券、可转让债、债权证券、未包含在下列第（C）项内的共同投资基金份额以及任何类型的证券或债券和其他有价证券：百分之五（5）。

国家行政机关可在经济指标变动基础上提交含论据支撑的技术报告后提高本项前段规定的税率，但不得超过下一项规定值；

B）以本币设立发行的且含有调整条款的或者以外币设立发行的公开发行证券、可转让债、债权证券、未包含在下列第（C）项内的共同投资基金份额以及任何类型的证券或债券和其他有价证券：百分之五（15）；

C）股票、股份代券、持股凭证、其他股份证券、金融信托凭证、其他信托和相似合约的权益和第24083法第一条第二款及其修订所指、且满足下列条件之一的共同投资基金共有财产份额：（ⅰ）在国家证券委员会授权的交易所或交易市场公开交易但却达不到本法第二十条第（W）项所指要求的；或（ⅱ）未在这些交易所或交易市场交易的：百分之十五（15）。

对于包含在第 24083 法第一条第一款的共同投资基金份额和/或金融信托投资凭证来说，若其主要的基础资产是由（ⅰ）满足本法第二十条第（W）项条件的股票和/或股份代券、持股凭证和其他股份证券；以及（ⅱ）本项第四段所指有价证券组成的，则其赎回所得适用前述基础资产相应的处理方式。

若对第 24083 法第一条第一段所指共同投资基金份额和/或金融信托投资凭证赎回，且其资产为不同币种的本条第一段所指有价证券，则实施条例可根据其相应基础资产的比例规定第一款各项所指税率的适用方式或——若这些主要资产被包含在本法第二十条第（W）项第四段内——其免税的适用方式。

出让所得毛利润应按照以下方式确认：

（ⅰ）对本条第一款第（A）、（B）项所指有价证券而言，应从转让价格中减去购入成本。对于具有调整条款的以本币设立发行的证券或以外币设立发行的证券，其调整金额和汇兑差不被考虑在毛利润之内；

（ii）对本条第一款第（C）项所指有价证券而言，应从转让价格中减去调整后的购入成本，其调整指数应当适用第八十九条第二段规定的，调整期间从购入日至转让日。对于赠送股而言，其购入成本按照第四十六条第四段规定执行。无论是否有反证，被出让证券被视作为同类同质证券里最先购入的。

本条规定对于属于境外受益人的出让主体——只要其并非居住在税务非合作辖区或投入资金非来源于税务非合作辖区的——同样适用。在此情况下的所得——包括本法第十三条后增设无名条所指的所得——适用于第九十三条第（H）项和其第二款的规定，并应当按照本条第一款规定的税率纳税。

在购入人并非本国居民的情况下——包括本法第十三条后增设无名条所指的情形——应缴税额应当由境外受益人通过其在本国居住的合法代表缴纳。为此，对于本法认定的所得应适用本条第一段相应的税率。

第五无名条 基于不动产的权利的出售和转让。自然人和未分割遗产来源于出售或转让位于阿根廷境内不动产的权利的所得应按照百分之十五（15）的税率纳税。

其毛利润应按照以下方式确认：

A）从出售或转让价格中减去调整后的购入成本，其调整指数应当适用第八十九条第二段规定的，调整期间为从购入日至出售或转让日。若不动产曾被用于产生应本税所得的经营活动，则可在前述数字基础上减去当时已计算的可被接纳摊销额和出售前一个季度为止可抵扣的摊销额。

B）对于分期付款交易而言，因费用递延和/或融资而产生的所得应按照本法适用相应的处理方式。

与本法所指交易直接或间接相关的费用（佣金、酬金、税费、收费等）可被纳入计算。

第六无名条 特别抵扣。属于本国居民的自然人和未分割遗产在获得第九十条后增设第一无名条以及第九十条后增设第四无名条第一款第（A）、（B）项所指的所得且来源于阿根廷时，可实施与第二十三条第（A）项所指同等金额的特别抵扣，每财政周期可实施一次并应按照其收益归属此法条各不同项的相应比例进行。

前一款所指的额度计算既不能引起亏损，也不能将其作为（若有）以前财政周期未使用完额度。

除本条第一款规定外，只能将购入成本和与其直接或间接相关的费用纳入计算以抵减本章所指所得，不得将本法第二十二条、第二十三条和第八十一条的项目和不属于任何特定类型所得的费用项纳入计算抵扣。

第七无名条　为了明确此第二章所指所得，在其对某事没有明确规定时，应补充适用本法第一编和第二编的规定。

第五编　境外受益人

第九十一条　向境外公司、企业或任何受益人支付无论何种类型净收益时——除分红和第六十九条第（A）项第二、三、六、七段所指主体的利润以及其第（B）项包含场所的利润外——支付人应当代扣其中百分之三十五（35）并以唯一终定税名义向经济和公共工程及服务部下属的自主管理机构联邦公共收入管理局代缴。

当出现第十八条最后一款描述的某些情形时则认为存在支付，除非此情形所对应的是第四十九条第（B）项所包含公司收益份额。此种情况下应当适用第五十条的规定。

这种情况下应当在提交税收报表到期日按照百分之

三十五（35）的税率进行代扣，代扣税基是根据第五十条规定应当视作分配到具有境外受益人性质的合伙人个人名义的全部所得。若在年度关账日至上述日期之间发生了第十八条规定的支付行为——无论全部还是部分——则应当在支付日进行代扣。

在境外直接或通过本国的被授权人、代理、代表或其他受托人获得所得的，以及在本国获得所得但却无法证明其固定居留身份的，均被视作境外受益人。在无法代扣的情况下，支付单位有责任缴纳税款，且如此并不影响其向受益人要求偿付的权利。

第九十二条　除第九十一条第三款的情形外，其规定的代扣应当以百分之三十五（35）的税率根据收入类型在本法认定的净所得基础上做出。

第九十三条　以如下项名义向境外受益人支付款项的，无论是否有反证，其净所得为：

A）在符合《技术转让法》规定条件的合同框架下支付的款项：

1. 因提供主管部门认为其从技术转移角度来说在本国无法获得的技术支持、工程和咨询服务而支付的款项，且按规定登记注册、服务已经实际完成的，其中的百分之六十（60）；

2. 发明专利以及本项第一点未包含的其他原因的使用许可权利或授权出让支付的款项中的百分之八十（80）；

3.（废除）

若在同一份合同框架下支付的款项根据前述1、2点应当适用不同的比例，则均适用最大的比例；

B）因在本国使用著作权而支付的款项中的百分之三十五（35），前提是相关著作应当在国家著作权管理处登记备案，且这些利益来源于第二十条第（J）项所指的情形且满足其要求的条件。此种处理方式对于由国家、省、市级政府和第二十条第（E）、（F）、（G）项包含机构聘请的外国居民艺术家到国内进行表演，且在财政年度内时长不超过两（2）个月而向其支付的款项也同样适用；

C）对于因从国外获得的借款、借贷或无论何种来源和性质的资金而支付的利息或酬金：

1. 若借款、借贷或资金获得者是第21526法约束的单位或者来源于供应商对可折旧进口货物给与的融资性操作——除汽车进口外——其中百分之四十三（43）。

本段处理方式也适用于获得者属于第四十九条包含

的其他主体和自然人或未分割遗产，前提是债权人属于银行或金融单位，且根据本法和其实施条例规定不被视为位于低税、免税地区或者其所在辖区与阿根廷签署有信息交换协议并且其内部法律不允许在税务部门要求提供信息时以银行秘密、商业秘密或其他理由回绝。本段所包含的金融机构应是处于各自中央银行或等同机构监管下的单位；

2. 若借款、借贷或资金获得者是第四十九条包含的主体——除第 21526 法约束的单位外——自然人或未分割遗产且债权人不满足前一点第二段的条件和要求时，其中的百分之百（100）。……因在第 21526 法约束的单位设立的以下储蓄而获得的利息，其中的百分之四十三（43）：

1. 储蓄账户；

2. 特别储蓄账户；

3. 定期存款；

4. 第三方存款或根据相关法律阿根廷中央银行认定的其他公开揽储方式。

D）因临时在本国工作、财税年度内时长不超过六（6）个月的知识分子、技工、专业人士、未包含在（B）项里的艺术家、运动员和其他个人活动而向其支付的工资、酬金和其他酬劳中的百分之七十（70）；

E）因租赁其动产而向外国居民支付的金额中的百分之四十（40）；

F）因租赁位于本国境内的不动产而支付的租金中的百分之六十（60）；

G）因有价转让其位于、置于或经营性质地使用于境内的资产而向成立在、落户在或位于境外的企业或公司支付的金额中的百分之五十（50）；

H）未被前述各项包含的支付引起所得中的百分之九十（90）。

在不抵触第（F）、（G）项规定前提下，其约束的受益人在确定应被代扣净收入税基时可选择执行这两项规定的法定设定或通过从支付或到账的总收益中减去在国内发生、为获得、维持、保存收入来源而花费的必要收入和根据本法对不同类型所得所规定的可接纳且被税务总处明确认可的抵扣项的计算后得出。

本条规定不适用于本法已有明确其他不同法律设定的所得。

第六编　通货膨胀调整

第九十四条　在不抵触未被本编内容所修改的规定前提下，第四十九条第（A）至第（E）项所指主体在确定其应税净所得时应在结算年度报税盈亏基础上扣减或增加按照以下条款规定获得的通货膨胀调整额。

第九十五条　前一条所述通货膨胀调整应按照以下程序进行：

A）在财务报表或——若适用——税收报表的总资产基础上减去以下各点指出项目的金额：

1. 除属于买卖资产外的不动产和不动产相关在建工程；

2. 为前一点所指工程而购买的物料投资；

3. 据本法可摊销动产——包含可摊销的用于育种

牲畜；

4. 用于固定资产的生产中动产；

5. 无形资产；

6. 森林开发经营里已砍伐或未砍伐的木材存货；

7. 股份、公司份额和公司所有权，包括共同投资基金的份额；

8. 不产生来源于阿根廷的经营损益的或不被用于与产生来源于阿根廷的经营损益活动有关的境外投资——包括金融投资；

9. 除有价证券和买卖资产外的不可摊销动产；

10. 为冻结交易价格在购置第一至第九点资产之前支付的订金或预付金所代表的资产项；

11. 正式登记的注资承诺或不可撤销的股份认购承诺下的以未来认缴资本金名义支付的资本金和预付款项，除那些产生与独立方之间按市场惯例应协定数额相近的利息或调整的外；

12. 股东未认缴额；

13. 所有者、业主或股东待认缴欠额或其不符独立方之间按市场惯例应协定条件的操作引起的欠额①；

14. 直接或间接参与外商投资本地企业的资本、控制

---

① 这里两个"欠额"指的都是"所有者、业主或股东"所欠金额。

或领导权的外国个人和团体的欠额，且引起此欠额的法律行为根据市场惯例不符独立方之间应协定的报酬和条件，因而不能被视作在独立方之间完成的；

15. 已在算税时抵扣的企业成立、组织和/或重组的费用以及发展、研学或研究的费用；

16. 记作资产项的以非本税允许抵扣的税和费用名义缴纳的预付金、代扣款和付款。

若在算税年度出售了第 1 至第 7 点资产，则在算税年度初期其所具有的价值将不计入被减去的总额中。同样处理方式也适用于第（D）项第一段第 1 至第 4 点。

若在算税年度某些买卖资产被用作使用资产的，则这些买卖资产在年度初期所被分配的报税价值将被包含在应从资产里减去的项目里；

（B）根据（A）项计算所得金额基础上再减去负债。

I. 为此，负债应包括：

1. 债务（对于计提金而言应当是本法许可的计提项目且纳入计算金额由本法指定）；

2. 提前获得的利润以及会在将来年度获得的利益的部分利润；

3. 已经根据第八十七条在付款对应的服务年度抵减的服务费和酬金。

II. 特别指明以下不被认为是负债项目：

127

1. 以缴纳未来资本金名义收到的款额或预付金，且具有按规定书面登记的或不可撤销的缴纳义务、无论何种情况下均不对缴纳人产生利息或数额调整①的；

2. 所有人、业主或合伙人所持有债权，无论其交易来源与性质，且按照市场惯例不符独立方之间应协定的条件的；

3. 本地外资企业中直接或间接参与其资本、控制和领导权的外国人或集体所持有的债权，且其债权来源的法律行为因不满足独立方之间交易的市场惯例而不被认为是独立方之间协议的。

C）将由第（A）、（B）计算得来的金额根据国家统计调查局颁布的国内批发交易价格一般水平指数变动进行调整，调整期为前一年度关账月至报税年度关账月。调整后与调整前的数值差将：

I. 若根据法律一般公认规定以及本编特殊规定计算的资产总值高于负债总额，则被视作负调整②；

II. 若根据法律一般公认规定以及本编特殊规定计算的资产总值低于负债总额，则被视作正调整。

---

① 此处"调整"亦指按照价格指数、通货膨胀等因素进行的调整。

② 也即应从应税额中减去的金额，反之同理。

D）由第（C）项得出的调整金额，应根据情况①加上或减去下列项目指出的金额：

I. 若是正调整，应加上以下项目金额根据国家统计调查局颁布的国内批发交易价格一般水平指数变动并以实际取款、支付、购入、并入或解除②的月份至报税年度关账月为调整期计算的调整数额③：

1. 所有人、业主或合伙人以无论何种缘由或性质提取的金额——甚至包括提取到他们个人账户的——以及用益于第三方的资金或财产，但除了这些款项产生利息或调整额，或者根据市场惯例其交易条件符合独立方之间协议条件的以外；

2. 本年度派发的红利额，除送股外；

3. 本年度实际减资额；

4. 本年度内支付的服务费用超过第八十七条规定限额的部分；

5. 报税年度内购入或并入的第（A）项里第 1 至第

---

① 即正加负减。

② 这里的"解除"和下一段"限制"应结合文意理解。

③ 注意是下列项目根据调整规则计算后得出的用于调整的金额，而并非项目本身的值。比如理应调整的 A 项资产价值 X，根据调整期计算其调整系数为 0.1，则此处所指的"调整的数额"为 0.1 乘以 X 所得结果，而并非 1.1 乘以 X。下同。

10 点所指资产，只要关账时其仍在账簿内并无论其是否被用于产生源于阿根廷收益的经营活动的。公司回购自身股份时也适用此规定；

6. 第（A）项第 1 至第 7 点，第 9 点和第 10 点范围以外的资金或财产，当其转变为或被用于其第 8 点所指的投资项时。

II. 若是负调整，应减去以下项目金额根据国家统计调查局颁布的国内批发交易价格一般水平指数变动并以出资、转让或限制的月份至报税年度关账月为调整期计算的调整数额：

1. 以无论何种缘由或性质出资的金额——甚至包括由个人账户缴纳的——以及报税年度进行的增资；

2. 第（A）项第 8 点提到的境外投资，当其用于产生源于阿根廷收益的经营活动的，但除了第（A）项第 1 至第 7 点，第 9 点和第 10 点属性的资产以外；

3. 第（A）项第 9 点提到的资产被转让或因前一段第 1 至第 5 点的原因而发生交付的，其可计算的报税成本。

E）由前一项得出的数值即是年度对应通货膨胀调整额，在其为正调整时应在年度经营结果中增加所得或减少亏损，为负调整时应减少所得或增加亏损。

本条规定的办法在报税年度关账前三十六（36）个月份根据第八十九条第二款所指的价格变动计算的百分比累计超过百分之百（100%）时适用。

前款规定在 2018 年 1 月 1 日开始的以后各年度有效。对于其有效期开始后的第一和第二年度，此规定将在以第一年开始至各年度结束为周期计算的价格变动百分比在分别超过前款所指数字的三分之一（1/3）和三分之二（2/3）时适用。

第九十六条　按前一条第（A）、（B）项规定用于计算的证券和项目——除分别在资产和负债中不予计算①的财产和债务应采纳其商用报表或税收报表上所具有的价值外——应为报税年度前一年度关账时并按照本法一般规定和本编特别规定调整后的价值。

以下列出的资产和负债就本法而言均应按照以下方式作价：

A）外币存款、债权和债务以及外币现钞：按照阿根廷国民银行在关账日的收盘汇率报价——根据情况选择买入价或者卖出价——并包含至那日已产生的利息；

① 即按照上一条那些不被视作资产和负债的项目。

B）本币存款、债权和债务以及本币现钞：以其在每年度关账日的价值计，并包含至那日已产生的利息和法定、约定、司法判定的调整额；

C）除股票、股份代券、持股凭证、其他股份证券及公司份额和公司所有权、投资基金份额、金融信托凭证以及其他信托和相似合约权益以外的在交易所或公开市场上交易的公募证券、债券和其他证券：依据实施条例规定按关账日收盘报价。

未公开交易的在可行的情况下按照成本加上关账日已产生的利息、调整额和汇差方式来确定其作价。以外币发行的证券同样适用此作价方式；

D）在前一条第（A）项倒数第二段情形适用时，那些资产应根据本法相关规定以其转让时可计算的报税价值作价；

E）因锁定当日价格收付客户的订金或预付款而产生的债务：应包含每一笔金额对应的调整额，其金额应从收款月至关账月期间以国家统计调查局颁布的国内批发交易价格一般水平指数变动计算。

对于不制作商用报表的纳税人而言，其在制作初期年度和每年 12 月 31 日的税收报表时应考虑税务总处的相关规定。

第九十七条　根据本编应当作出通货膨胀调整的责任人同样应遵守以下规定：

A）第二十条第（H）、（K）和（V）项的免税规定对其不适用；

B）应将除股票、股份代券、持股凭证、其他股份证券及公司份额和公司所有权、投资基金份额、金融信托凭证以及其他信托和相似合约权益以外的公募证券、债券和其他证券的法定、约定、司法判定的调整额中属于报税年度部分或其自——若这些债权、债务或证券产生或并入日期晚于报税年度开始日——产生日至年度关账日的部分以所得或亏损形式划归至报税年度。对于公开交易的证券，以其各自报价为准。同样应将前一条第（E）项所指债务的调整额属于前述期间的部分照章划归；

C）应将外币存款、现钞、债权和债务因外币在年度关账日与前年度关账日或其获取日——若此日期晚于前年度关账日——之间汇率之差而导致的价差以所得或亏损形式划归；

D）若转让财产时在前一条第（E）项情形下收付了订金或预付款，则在确定此项交易的结果时应在协议价格基础上增加此（E）项所指的调整额，且此调整额应计算至转让日前一个年度的关账月；

E）若根据本法或实施法令规定的情形纳税人选择将分期收款的销售结果划归至每笔款项各自到期的年度并且需要计算在关账时仍未到期的款项在本年度所产生的调整额时，可选择将对应延期利润的那部分调整额同样延期；

F）对于未包含在第 21695 法方案里的森林开发项目，在确定因出售种植物而需缴纳税款时可使用第八十九条指数。根据税务总处发布表格的数据将其可计算成本进行调整，调整期为对应的投资日至销售日所在月份。

对于被包含在 1974 年 2 月 8 日第 465 号法令的种植物来说，纳税人在选择适用前段规定时不得将法令第四条所指的作价额算作成本。

第九十八条 特别法针对国家、省市或布宜诺斯艾利斯自治政府发行的证券、短期、中期、长期债券和其他证券已规定的或以后将规定的全部或部分免税条款对属于本国居民的自然人和未分割遗产以及本法第四十九条所指的纳税人无效。

第七编　其他规定

第九十九条　废除所有国家法律——除了所得税法以外的一般法，特别法或制度法——法令或任何下位法律规定中包含的全部或部分的免税内容，以及以招待费、差旅费、车船费、特别补贴、职业补贴、技术补贴、特别或职能奖金、级别或职能责任费、驻外补贴或类似无论何种名称的酬金的名义来扣减所得税税收标的和第七十九条第（A）、（B）和（C）项所包含纳税人的实收金额。

第一百条　兹申明各种以社会扶助金和/或油费补贴、购物卡和/或信用卡使用延展或许可、住房、休假或休闲旅游、家庭成员教育费或其他类似名义由雇主或通过第三方向雇员或员工支付的项目，甚至从国家综合养老系统或其他省级市级类似系统角度来说具有非酬金性质的，均属于应税收入。

提供的工作服或与服装、工作场所使用的专用工人设备相关的其他配给以及对雇员或员工开展工作必不可少的培训或专业课程授课或费用均不被包含在前款规定内。

第一百零一条 若受益人对保险监察中心监管的单位所管理的私人退休保险进行无论任何原因的赎回，且赎回收入在收到赎回款的十五（15）天内重新用于购买保险系统内①单位的新保险的，则用于重新购买的此部分收入不应税。

第一百零二条 本法第四十五条第（D）、（E）项以及第七十九条第（D）项所指的收益或赎回操作中，其应税净收益应为收益或赎回金与算税时未经用于抵扣的、经调整后的金额②之间的差额，其调整方式是以第八十九

---

① 所谓"系统内"指的就是保险监察中心监管下的保险公司。

② 此处"金额"根据文意理解特指购买保险等产生本条所指应税收入的花费金额。

条所指指数，根据税务总处发布表格的数据从支出费用的财政年度 12 月份调整至获得上述金额的财政年度 12 月份。

若收益或赎回金是周期性的，则应根据每期所得与总共应得金额得出每期比例，然后按此比例根据前一款的方式计算每期对应的算税时未经用于抵扣的、经调整后的金额，每期所得与每期对应的未经抵扣支出的差额则为当期应税净所得。

第一百零三条 本税受第 11683 法规定的约束，其执行、缴纳和监管是税务总处的职责。

第一百零四条 （废除）

第一百零五条 本法有效期至 1997 年 12 月 31 日结束①，其中各项规定的有效期按照其本身文本确定。

---

① 第 27432 法已将其有效期延至 2022 年 12 月 31 日。

第八编　暂行规定

第一百零六条　本法规定税种取代利得税、动产销售税和偶发所得税的相应部分。

尽管如此，这些被取代的法律对于其明指的有效期后的事件或情形具有约束力的，则同样影响其应税的利得或所得。

除此之外，因权利义务产生于其有效期内发生的事件和情形而导致其约束力延展到未来的年度的，这些法律条文也将影响相应本法税种的应税基础。同理，因1973 年 12 月 31 日之前发生的事件和行为而引发的不应税和免税的权利，只要此自然年内开始的年度①在终结时仍然有效的，也不受影响。

作为从被取代税种至新税的过渡保障，旧税制责任人依旧受制于包括实质性的所有必要义务以确保被取代税制的连续性，但原则上被取代税种和新税共同的税基不得被多个税种征税。

行政机关将根据取代特征和其他相关原则来发布必要的实施规定以调节本条所指的过渡期。

第一百零七条　若根据 1973 年 5 月 25 日之前批准的行业或地区促进政策而被给予针对上述被废除税种的减免优惠的，行政机关将规定其在本法制定的新税中所享有的待遇，以此确保纳税人的已获权益并维护本法批准前其他获准政策的连续性。

第一百零八条　若前一条所指税收优惠为 1973 年 5 月 25 日之后批准，则行政机关将规定其在本法税种内的自动实施方法。

---

①　自然年和财税年度不一定重叠。

前述处理方式适用于第 19640 法确立的制度。

第一百零九条 若应根据第二十条倒数第二款的规定进行抵消，则被抵消掉的负利息和负调整额将不得再被抵扣。若抵消后余额为负且应根据第八十一条第（A）项规定进行按比分摊，则引发这些免税利息和调整额的资产不被考虑在内。

第一百一十条 在适用第二十五条的调整时，第二十二条规定的金额应以其在 1985 年 12 月 31 日的值作为初值。

第一百一十一条 对于转让购于 1985 年 10 月 11 日之前且在交易所或公开市场上交易的股票——除送股外——可选择将前述日期之前的最近年度关账时的报价作为其购入价格，并以前述日期作为购入日。

第一百一十二条 第四十九条第（A）、（B）、（C）项中的主体在确定自 1985 年 10 月 11 日之后开始的第一个年度的通货膨胀调整时，第六编规定的项目应按照第 21894 法对通货膨胀调整作价方法的规定选取其当时分配值或前一年度关账时理应分配所得的值作为其报税年度期初的值。

前款规定对于无论任何性质的、作为买卖资产的庄园均不适用，其计算方式应按照第 23260 法第五条第 9 点第三段以及第 23525 法第一条引入的修订内容来做出。

第一百一十三条　无论何种情况下可抵减的亏损无一例外地应是最先产生的，且不受其适用的法律方案影响，无论它是第 23260 法之前有效的，第 23260 法规定的，还是以下条款确立的。

第一百一十四条　本条生效日之前关账的所有财税年度累积的前期亏损不得在此日期后关账的前两（2）个财税年度抵减。

第一百一十五条　本条生效日起第一个关账的财税年度内发生的亏损将不得在下一个财税年度抵减，且第十九条规定的五（5）年期限将从亏损产生的年度之后的第二个关账的财税年度（含）算起。

第一百一十六条　第一百一十四条所提到的亏损若

因其关于抵减暂停的规定而无法抵减的或因前一条百分之五十（50）的限制而递延的，均可无限期地用于抵减。此抵减权利只有在这些亏损在不存在前述暂停和限制的情况下均能在第十九条规定的期限内被抵减的前提下才可获得。

第一百一十七条　在 1988 年 1 月 27 日之前关账的主体对于属于下一年度的未到期预付款应在前一年度应税净所得基础上计算，且不得抵减或有累积亏损。

第一百一十八条　第一百一十四条和第一百一十五条的规定对第十九条倒数第二款提到的转让而产生的亏损不适用。

无名条　第六十九条第（B）项第二段和第九十条后增设第三无名条中的规定对第六十九条第（A）、（B）项所指主体的所得中响应彼处所指出的税率的部分适用。其税率分别是百分之七（7）和百分之十（10），在从 2018 年 1 月 1 日算起的后两个财税年度内有效——无论此分红或利润是在哪个财税年度置于权利人处置下。

若在分配的利润产生的财税年度里付款单位已经响

应百分之三十五（35）的税率，则不应再对此分红或利润交税或代扣。

　　就前几款规定而言，无论是否有反证，置于权利人处置下的红利或利润均被视作以最先产生的所得或利润做出。

第九编　本国居民源于国外所得

第一章　居　留

居民

第一百一十九条　就第一条第二款规定而言，下列情形被视作本国居民：

A）除根据第一百二十条规定失去居民身份以外的拥有阿根廷国籍的自然人，且无论是出生国籍还是入籍；

B）获得本国永久居留权的具有外国国籍自然人，或未获永久居留权但根据现行移民法律法规获得临时许可而在国内停留时长十二（12）个月，且在其间的短暂往返国内外满足实施条例要求的时间和条件因而并不影响停留的持续性的自然人。

尽管如此，但若未获得本国永久居留的自然人其在本国居留的缘由并不具有惯常性居住①的意图，则可在实施条例限定的时间内按其规定的方式证明这些导致其居留的缘由；

C）当事人死亡时根据前几项规定具有本国居民资格的未分割遗产；

D）第六十九条第（A）项包含的主体；

E）第四十九条第（B）项和最后一款包含的、成立于或位于本国内的个人公司和个人企业或项目仅针对归属那些按前几项规定具有居民资格的业主或股东的那部分报税经营结果而言；

F）受第24441法约束的信托和第24083法第一条第二款及其修订包含的共同投资基金分别针对作为他人财富的管理者的受托人和理事公司应当履行的义务而言，以及受前文引用的第一部法律约束的非金融信托针对归属于具有受托人和受益人双重资格者的经营结果和缴纳税款而言。

---

① 所谓"惯常性居住"指的是意图长期留在某地。下同。

前款第（B）项情形下，其获得的居留资格将从获得本国永久居留或达到获得居留资格所需时间条件的下一月份开始时生效。

第六十九条第（B）项包含的固定场所就本法而言具有居民资格，因此其来源于国外的收入受本编法律法规约束。

居民资格的丢失

第一百二十条　具有本国居民资格的自然人若按照移民法律法规的规定获得了某外国的永久居民资格时或未获得外国永久居民资格但在境外连续居留十二（12）个月的，且其间的短暂往返国内外满足实施条例要求的时间和条件因而并不影响停留的持续性的，将丢失本国居民资格。

前款所述的在境外连续居留的情形下若其在他国居留的缘由并不具有惯常性居留的意图，则可在实施条例限定的时间内按其规定的方式方法证明这些导致其居留的缘由。

居留资格的丢失将从获得外国永久居留或达到丢失本国居留资格所需时间条件的下一月份的第一天开始生效。

第一百二十一条　虽有前一条规定，但作为本国居民的自然人在境外以国家政府公务代表身份或受国家、省、市和布宜诺斯艾利斯自治市政府委托执行公务而连续居留境外的自然人并不丢失其居民资格。

第一百二十二条　如果居民资格丢失发生在离开本国之前，则当事人应当向经济和公共工程及服务部下属的自主管理机构联邦公共收入管理局证明其已获得某外国居民资格并履行了其源自阿根廷所得和境外所得中归属于当年度开始至获取境外居民资格的下一个月月末的部分两者对应的相关税务义务以及归属于那些未过诉讼时效的财税年度的来自上述来源所得的纳税义务。

相应的，如果居民资格丢失发生在离开本国之后，则当事人应当向丢失居民身份时所在国境内的阿根廷领馆证明其居民身份丢失和丢失的判定因素以及履行上述同样的纳税义务——此情况下其境外所得应当是归属于当年度开始至获取丢失居民资格的下一个月月末的那部

147

分。领馆应向经济和公共工程及服务部下属的自主管理机构联邦公共收入管理局传达其证明材料。

履行前几款规定的纳税义务并不使当事人脱离丢失居民资格生效前的各财税年度或当年度前数月所可能存在的税收少补责任。

第一百二十三条　丢失居民资格的自然人从资格丢失生效日起（含）对其来源于阿根廷的收入而言便具有了境外受益人的身份，也即受第五编规定的约束，并且应将居住地更改或本国居民资格丢失的情况告知相应的代扣单位。

在对其居留地改变进行告知前有可能遗漏的代扣，仍应在以后的付款中做出；若无法做出，则需向经济和公共工程及服务部下属的自主管理机构联邦公共收入管理局通知此情形。

第一百二十四条　经济和公共工程及服务部下属的自主管理机构联邦公共收入管理局将确定第一百二十二条中规定的应提交证明和其第二款所提到的通知的方式、期限和条件。

同理，管理局也将确定第一百二十三条中提到的向代扣人通知其更改居住地以及在相应情形下告知无法在将来付款时对遗漏的代扣进行补扣的方式、期限和条件。

双重居民

第一百二十五条　满足以下条件，已经获得外国永久居留权或丢失阿根廷居民资格、被另一国从税务角度视作居民的自然人，却仍然事实上居住在本国或回到本国欲长期居留在此的，将被视作本国居民：

（A）在阿根廷保有固定住宅的；

（B）在本国内和授予其长期居民身份或将其视作税收居民的国家均保有固定住宅，且其生活利益中心①位于本国境内的；

（C）若无法确定其生活利益中心位置的，则惯常地居留在阿根廷的。在实施条例为此规定的期限内在阿根廷居留时长超过授予其长期居民身份或将其视作税收居民的国家境内的，即被视作满足惯常居留的条件；

---

① 税务部门法规将生活利益中心定义为"自然人在本国内维持其最紧密的个人社会、经济关系网的地方"。

（D）若根据第（C）项其在本国和授予其长期居民身份或将其视作税收居民的国家境内居留时长等同时，则具有阿根廷国籍的。

若按照前款规定某自然人被视作本国居民，则应在其丢失此居民资格①的时刻或返回本国后下一个月的第一天起对其适用第一条第二款的处理方式。

对于适用前述处理方式的人，若其在规定日期后成为第五编规定代扣的对象，则其被代扣的金额中不超过那些引起此纳税义务的来源于阿根廷所得、按照本国居民适用的计算方式计算得出的税额部分的比例可作为已缴纳的当期应在本国纳税额计算处理。② 超出的不可纳入计算部分不得作为已缴纳的当期应在本国缴纳其他所得税的税额计算处理，也不得将其转移至以后的年度使用或将其与其他种类税收抵消、转让给第三方或退税。

---

① 根据前款丢失居民资格但仍然居留在阿根廷的人士依然被视作"居民"所以适用全球征税的原则。

② 此规定是针对第五编中税基税率的规定与作为居民计算税额方式中不匹配的地方所确定的处理方案。

根据本条规定具有本国居民资格的人，若在某外国保有其当地居民资格且其所处状态发生改变、确已彻底将居留转移至彼国时，应将此情况及其后果向经济和公共工程及服务部下属的自主管理机构联邦公共收入管理局提出证明。

长期居留在本国的非居民

第一百二十六条　下列人士不具有本国居民资格：

A）外国外交和领事机构驻在阿根廷的成员和在上述机构工作的、按照第一百一十九条第（B）项规定在被雇佣时不具有本国居民资格的外国籍技术和行政人员，以及其也不具此资格的陪伴家属；

B）为本国作为缔约国的国际组织工作的外国籍代表和代理人且按照第一百一十九条第（B）项规定在其开始开展活动时不应被视作本国居民资格的，以及其也不具本国居民资格的陪伴家属；

C）被确凿证实是由于工作性质原因而居留在本国的外国籍自然人且需其逗留时长不超过五（5）年的，以及其也不具本国居民资格的陪伴家属；

D）依据现行移民法律法规获得的临时许可而进入本国的外国籍自然人，其目的是为了在本国官方的或官方认可的机构里进行初中、高中、大学及本科后学习或进行研究工作，获得的唯一酬劳是奖学金或者类似分配金且在此期间保持其临时许可的。

虽有前述规定，但前款包含的主体所获得的来源于阿根廷的所得均需按照本法和实施条例中适用于本国居民的规定处理。

第二章　总　则

源泉

第一百二十七条　第二条包含的所得，其中来自位于、置于境外或在境外被经济性地使用的财产的收入、来自在境外进行的任何能产生利益的行为和活动的收入、来自本国境外发生的事件产生的收入，除被明确指定为源于阿根廷的以及那些产生于被永久出口以在国外进行转让的境外销售因而属于阿根廷来源的以外，均属于来源于境外的所得。

第一百二十八条　产生于位于境外的、业主为本国居民的固定场所的所得属于这些业主的来源于境外所得，除非根据本法的规定其所得应被视作源于阿根廷的外——在此种情况下获得收入的固定场所仍具有境外受益人的身份并且受本法文为其确立的处理方式约束。

前款所述的固定场所是以固定企业形式组织而成，通过开展商业、工业、农渔业、采掘业和其他任何类型行业的活动，为其作为阿根廷居民的业主产生的第三类型所得，与第十六条后增设无名条中对其的定义一致，只是其中所提到的"本国境内""国内""本国"或"阿根廷"应当指"境外"，而"境外主体"在这里就指的"本国主体"，"境外"应作为"国内"。

前述定义同样也包括按照类似《国家民商法典》规定方案在境外实施的城镇化片区开发和不动产建设和转让项目。

第一百二十九条 为确定前一条所指固定场所在境外的报税盈亏[①]，应当将当事固定场所的业务与其本国居民业主和其在境外的其他固定场所分开记账，并且实施必要的调整以确定盈亏。

就前款规定而言，本国业主与其境外固定场所之间的、境外固定场所与同一业主在第三国拥有的固定场所或与地址在、成立于或位于本国或境外与之关联的人或

[①] 有必要强调一下所谓的"报税盈亏"指的是税务上认定的盈亏。

其他类型单位之间进行的交易，只有在其产生与独立他人之间同等或类似条件下所完成同样或类似交易的相仿对价时，才能被视作是由独立方之间开展的。

若是与独立方之间交易对价不匹配，则分别记录在居民业主或与其发生交易的外国固定场所应支付对价里的超额与差额将被包含在居民业主来源于阿根廷的所得中。若这些数额差源自同一业主位于不同国家固定场所之间的交易，则因此而引出的收益应当被那个因交易的对价而导致其欠收的固定场所包含在其来源于外国的所得中。同样的处理方式也适用于固定场所与关联的人或其他类型单位之间进行的交易。

若分立账本未能恰当地反映出某固定场所来源于国外的报税盈亏，则经济和公共工程及服务部下属的自主管理机构联邦公共收入管理局可在本国居民业主其余的会计记账基础上根据适用的其他指数来将其确定。

第一百三十条　本国居民或其位于国外的固定场所与地址在、成立于或位于国外并且与之关联的人或其他类型单位之间进行的交易，若其对价和条件与独立单位之间按市场惯例相符，则从各方面来说均被视作是独立

155

方之间进行的。

若前述将其视作独立方之间交易的条件未达成，其分别记录在实际控制人和其位于境外的固定场所的或被控制公司①的应支付对价里相较于独立方之间按市场惯例对应的作价的超额与差额，应根据情况由本国控制人居民将其包含在源于阿根廷所得中或由其位于境外固定场所将其包含在的源于国外所得中。为确定价格②，第十五条的规定的规则和其关于与低税、免税地区之间的交易的规定均适用。

就本条而言，成立于境外的公司，但具有本国居民资格的自然人或法人以及具有同样资格的未分割遗产直接或间接地拥有其至少百分之五十（50）资本或者直接或间接地对其拥有足够多的投票权以致可在股东大会或合伙人会议里占据优势的，则属于被控制公司。为此同样应照顾到第十五条后增设无名条中的规定。

---

① "实际控制人和其位于境外的固定场所" 与 "被控制公司" 并列。

② 即交易对价。

净所得和应税净所得

第一百三十一条　应按照第十七条规定和第二编与第三编的其他规定中适用于源自国外所得部分，并结合本编做出的修改和合宜性规定，来确定源于国外净所得。实施条例将规定对确定上述来源净所得不适用的法律法规。

为确定源自国外的应税净所得，本国居民自然人和未分割遗产应将第二十三条第（A）和（B）项包含抵扣中超过同财税年度来源于阿根廷净所得的部分从按前款定义得出的净所得中减去而来。

第一百三十二条　第一百二十八条定义的固定场所源自于国外的报税盈亏应以其所在国当地货币确定，在需要时应使用本编所规定的汇兑规则进行换算。其本国居民业主应使用第一百五十八条第一款给出的汇率方案中对应固定场所会计年度关账日的数值，根据经营结果是盈是亏选择买方或卖方汇率，并将上述盈亏换算成阿根廷货币。

若属于非归属于上述固定场所的来源于国外所得，

157

则净所得应以阿根廷货币确定。为此，除非本编特别指出的情况外，其所得和抵扣都应按照适用的第三类来源于国外所得的换算规则或归属规则来选择实施条例规定的日期和汇率。

所得和费用的划归

第一百三十三条 本编包含所得和费用的划归应根据第十八条规定中适用的部分做出，并考虑如下特别规定：

A）为确定第一百二十八条定义的归属于固定场所的损益时，应根据第十八条，其中第二款第（A）项第四段和第四款的规定来确定其划归；

B）前一项所指的固定场所的报税盈亏应当由其本国居民业主——也就是第一百一十九条第（D）、（E）项包含主体——进行划归，若是前者，则划归入固定场所会计年度结束时所在会计年度①；若业主是本国居民的自然人或者未分割遗产，则划归入固定场所会计年度结束时所在财税年度；

C）第一百一十九条第（D）、（E）、（F）项包含的

① 前者是国外的会计年度结束时，后者是阿根廷会计/财税年度。下同。

本国居民直接所获所得，但非归属于上述固定场所的，应根据第十八条第二款第（A）项前三段规定的情况确定其划归方式；其会计年度的所得应当是根据前述项①和前述法条第四款所应划归为本年度的那些。

虽有前述规定，在境外收款或付款时以源头唯一终定税形式纳税的所得，只要不是来源于前述（A）项包含固定场所的本国居民业主与这些场所之间的交易或由这些场所向居民业主转移或支付的利益，则可按彼时②将其划归。若做此选择，则应将其用于所有受此支付方式约束的所得，并且需维持至少五（5）个会计年度的期限；

D）因成立于、地址在或位于境外的托拉斯、信托、私募基金和其他类似架构所获所得，以及以资产管理为主要目的而在境外签署合同或根据外国法律体制下做出的安排所得，应由控制权人居民主体将其划归至这些单位、合同或安排结束会计年度对应的会计年度或财税年度。

在存在证据证明这些金融资产在其权力控制范围下和/或被此主体管理时（包含以下可能情况：（i）可撤销

---

① 即第十八条第二款第（A）项。

② 即收款或付款时。这是不按发生原则而按收付款原则进行划归。

的托拉斯、信托或基金；（ii）委托人主体也是受益人；和（iii）此主体有直接或间接决定权可决定对资产投资或撤资；等等），则认为某主体具有控制权；

E）因参与成立于、地址在或位于境外的或依外国法律体制存续的无论何种类型公司或其他单位所获所得，若不被包含在前述第（A）至（D）项的，应由其本国居民身份股东、合伙人、参与人、业主、控制人或受益人按各自占比将其划归至这些公司或单位会计年度结束时对应的会计年度或财税年度。

前段规定在上述公司或单位在其所成立、地址在、所位于的辖区不具有财税主体性且应将其所得直接分配给股东、合伙人、参与人、业主、控制人或受益人时适用；

F）因参与成立于、地址在或位于境外的或依外国法律体制存续的无论何种类型公司或其他单位所获所得，只要是同时满足下列条件的，应由其本国居民身份股东、合伙人、参与人、业主、控制人或受益人按各自占比将其划归至这些公司或单位会计年度结束时对应的会计年度或财税年度：

1. 这些收益不适用于第（A）至（E）项规定中的任一特别处理方式；

2. 本国居民，无论自身还是与下列任何人一起持有等同或超过百分之五十（50）非居民单位的净资产、损益、投票权的：（i）有控制权或关联关系的单位；（ii）配偶；（iii）同居人；（iv）具有上下直系或旁系三代以内（含），血亲或姻亲亲属关系的其他纳税人；

本点①条件在下列任一有关境外单位的项目内容达成时即认为被满足，且无论其参与比例多少：

（i）无论以何种名义具有处置单位资产的权利；

（ii）有权挑选大多数董事或管理人并且/或者参与到董事会或管理委员会，而且其投票可确定所做决策；

（iii）具有移除大多数董事席位或管理人②的权限；

（iv）对实体的利益具有现实权利。

同样，若在会计年度内任何时刻境外单位总资产价值的百分之三十（30）来源于按第二十条第（W）项规定对境外受益人免税的、产生源自阿根廷的存款收益的金融投资的，则也认为本点条件被满足，且无论其参与比例多少。

在所有情形下其损益均应按其在净资产、损益、投票权中的参与比例进行分配；

---

① 即第2点，下同。

② 根据当地公司法某些不设董事会的公司的最高管理机构由"管理人"担当。

3. 境外单位不具有必要的对物质和人力的组织以进行活动，或其收入来源于：

（i）存款收益，且占比至少为当财税年度或周期收入百分之五十（50）；

（ii）直接或间接为关联方本国居民产生税收上可抵扣费用的无论何种类型收入。

对于前一款指出的情况，只有来源于此类型收入的损益才应按照本项规定进行划归；

4. 非居民企业在其成立于、地址在或位于的国家因前述第 3 点包含收益而实际缴纳的与本税性质同等或类似的税，低于依照本税法理应缴纳的公司税的百分之七十五（75）。若境外单位成立于、地址在或落户于税务非合作辖区或低税、免税地区，则无论是否有反证，均认为本条条件达成。

对于间接参与满足上一段条件的非居民单位也适用此处理方式。

若本地主体属于第 21526 法约束的金融单位或第 20091 法包含的保险公司，或第 24083 法约束的共同投资基金，则本点规定将不适用；

G）本国居民作为成立于境外公司的董事、监事或监事会或类似的董事机构成员而获得的酬劳，应被划归至收取的财税年度；

H）由成立于境外的单位或受保险监察中心监管的本国居民单位在国外的固定场所因私人退休保险条件达成而支付的收益，以及退出保险而向被保险人支付的赎回金，应被划归至收取的财税年度；

I）第十八条最后一款规定的适用于本条第（A）项所指固定场所被包含在第一百一十九条第（D）、（E）项里边的本国居民业主的支出划归方式，适用于这些支出对固定场所意味着来源于阿根廷所得时的情形，同样也适用于本国居民对其直接或间接控制的成立于境外的公司所做出的具有同样性质的支出。

前述第（D）、（E）、（F）所指收益的划归应根据收益种类，在视作由本国居民主体直接获得收益情形下，依照有关净收益确定、换算、税率的规则对年度内完成交易经过计算后，按对其理应适用的方式进行。实施条例将规定适用于产生于分配年度之前财税周期或年度的收入产生的已计提红利或利润的处理方式。

亏损与收入相抵

第一百三十四条　为确定源自国外的净所得，应考虑所有源于国外和第一百二十八条指出的固定场所的损益，并各类别之内、各类别之间将其相加、相抵。

若按前述规定相抵所得结果为亏损，则其按照第十九条第十一款规定形式调整后可按国家民商法典规定的五（5）年内从源自国外的净所得中抵减。上述期限最后一年过去后，仍未抵扣完的亏损额将不得再成为相抵的对象。

若根据前几款规定进行相抵后或抵扣①后余有净收益，则可将按照第十九条第九款规定可用于抵扣的——根据情况做出相应调整——来源于阿根廷的、无法与同财税年度同源净收益相抵②的亏损，从其中抵减。

第一百三十五条 不管前一条如何规定，无论何种主体因转让股票、股份代券、持股凭证、其他证券存单及公司份额和公司所有权—包括投资基金份额或具有相同功能却拥有其他名称的单位，金融信托凭证以及相似合约衍生的权益—数字货币，凭证，债券和其他证券所

---

① 注意用词，一个是与同类型或其他类型损益"相抵"，一个是在未来年度净所得"抵减"。

② 比如当年来源于阿根廷净收益不足以抵消所有亏损。

录得亏损，均被视作具有特异性质而只能与同源①且来自于同类型交易、在产生亏损的各财税周期或年度或按国家民商法典规定的五（5）年内的净利润相抵。

除了固定场所遭受的亏损以外，在其被抵减时应当根据第十九条第十一款的规定进行调整。

因从事本法第四编第二章所指的投资——包括数字货币——和交易遭受的来源于阿根廷的亏损不得抵减因转让相同类型投资和交易、源自国外的净所得，也不得成为第一百三十四条第三款规定抵减的对象。

第一百三十六条　就前几条所述相加相抵而言，第一百三十一条第二款允许抵减的金额将不被视为亏损。

免除

第一百三十七条　对于适用第二十条的免税，在根据不同情形确定适用于来源于外国所得的规定时，也要遵守下列除外情况和特别规定：

---

① 指的是同为外国源泉。

A）第（H）项规定的免税不适用于其规定的存款存放在此项所指的本国居民机构所拥有的境外固定场所或存款由其执行的情形；

B）受经济和公共工程及服务部的经济政策局下属银行保险副局的国家保险监察中心监管的本国居民机构在国外的固定场所和成立于境外的单位所管理的私人退休保险计划支付的收益和赎回金在减去保费后的金额，被认为是包含在第（I）项最后一段和第（N）项规定的除外情形之内；

C）第（V）项最后一段规定的关于属于源自国外所得的调整额，不包含本编认为具有相同来源的汇兑损益。①

无票据支出

第一百三十八条　当发生第三十七条中与源于国外所得相关支出的情形时，除非确凿证明存在足够迹象表明其用于资产购置或并不为其受益人产生应税收益的外，均适用彼条规定。

---

① 本条所有的"项"都是指的第二十条的各项。

　　若前款的证据证明了其所列用途，则无需再缴纳前款引用法条①所要求的税款，但若其非是用于资产购置的情形，则将按本编根据资产属性规定的处理方式来处理，否则不得把支出抵扣。

---

① 即第二十条。

第三章　第一类所得

第一百三十九条　位于境外、其本国居民业主将其作为永久居所且维持其设施以随时、连续地为其提供住所功能的不动产，属于第四十一条第（F）项包含所得。

前款引用法条中第（F）、（G）项在适用位于国土范围外的不动产时，无论是否有反证，其被认定的租赁价值不应低于业主若将此不动产或其自用或免费或以未定价格出让的部分经租赁所应得。

第四章　第二类所得

第一百四十条　第四十五条中列举的且来自位于境外源泉的所得属于此条包含——除（I）项情形以外——的国外来源所得，另加如下项目：

A）成立于、地址在、位于境外的公司或无论何种类型单位派发的红利和利润且不被包含在以下项中的。

为此，下一条的规定，以及第四十六条后增设第一无名条的假设均适用；

B）以信托或法律等同体受益人的身份来源境外所得。

就本项而言，信托或等同体所派发的所有金额均被视作所得，除非有反证可确凿证明信托等并未获利且不拥有完税年度之前各年度累积产生利润，包括资本利得和其他利得。若纳税人按规定方式证明派发金额超过所指收益，则只把后者在派发额中所占比例作为所得；

C）经济和公共工程及服务部的经济政策局下属银行保险副局的国家保险监察中心监管的本国居民机构在国外的固定场所和成立于境外的单位所管理的私人退休保

险计划按约定支付的收益减去保费部分；

D）前一项所指私人退休保险计划退保支付的赎回金减去保费部分；

E）成立于境外的共同投资基金或具有同样功能的等同体派发的利润；

F）因与境外承租人签订的含购买权融资租赁合同约定而从本国出口资产产生租金所得被认为被包含在第（B）项内容中。

第一百四十一条　前一条第（A）项所指公司以现金或实物形式——包括送股——发放的所有红利，无论其用于支付的企业资金来源，均属应税。因升值或会计调整，且并非来源于可支配、已实现利润而增发的股份，以红利形式发放的，不被视作应税。

就前款规定而言，其增股应按照票面价格作价，其余以实物发放红利应按照其供权利人处置时所属市场的市价作价。

第一百四十二条　在股票被全部或部分回购时，其赎回金和报税成本金额之差则被认为是发放的红利。对于在本编进入有效期之前配发的增股或根据前一条第一款最后部分的规定属于不应税的股票，则认为其报税成本为零（0），即所有回购所得全部应税。

每一股的可计算成本获得的方式是以发行主体回购前一年已关账的最后一个会计年度的商业资产报表中的所有者权益减去其已实现净利润组分以及从这些利润中提取的公积金所得的数额作为被除数，以流通的股份作为除数，相除。

就前款规定而言，除非根据第一百三十二条从换算角度看其回购金额和报税成本是其认可的同一种货币表现的，否则股票的回购金额和报税成本应根据其规定在适用的情况下将其货币进行换算，且换算时应分别考虑回购的日期和作为报税成本计算基础的年度关账日。

若回购的股票属于第一百一十九条第（D）、（E）、（F）项包含的本国居民或第一百二十八条定义的固定场所且此固定场所所持股票由其他股东处购得，则此股票回购被视作为转让。为确定此交易的盈亏，应将第二款规定的报税成本作为其售出价格，将按照第一百五十二条和第一百五十四条中适用规定计算所得作为购入成本。若交易结果为亏损，其亏损额可与产生亏损的回购股份

171

所配发的红利相抵；若相抵后仍有亏损剩余，则对其适用第一百三十五条规定的处理方式。

第一百四十三条 针对第一百四十条所指的收益和赎回，其所得应当按照第一百零二条规定计算，并且不得适用其关于通胀调整的规定。

就本条而言，以外币支付的保费应根据其支付日换算成阿根廷货币。

若管理私人退休保险计划的单位所在国，或者受经济和公共工程及服务部的经济政策局下属银行保险副局的国家保险监察中心监管的单位其管理私人退休保险计划的固定场所所在国，在计算类似税金时允许对保费进行通胀调整，则这些保费在按支付日换算成这些国家货币后应按照当地考虑的价格指数变动或根据变动规定的系数进行调整，调整日为前述日期①至收款日。调整所得的差额，在根据此最后日期汇率换算成阿根廷货币后，应从本条第一款计算得到的所得额中抵减。

---

① 即付款日。

　　前述处理方式只有在证实前款所指国家确有使用调整，且这些国家为此规定了指数或系数时才可适用。

　　第一百四十四条　以位于境外的外币资本获取终身收益的，应在支付收益日将资本金换算为阿根廷货币。

　　第一百四十五条　就第四十八条规定而言，若认定其所指的举债产生的应收款涉及对某外国资本具有经营目的的动用或使用，则应纳入考虑的利息不应低于此国对于同类型交易规定的最高值，此外还应加上约定的调整额和再调整额。

　　无名条　为确定本类型包含资产被转让所得，其以资产所在国或因经营目的被利用、使用地所在国家货币表现的成本、适时做出的投资以及根据其管辖地规定适用的调整额，均应以其被转让当日根据第一百五十八条规定的卖方汇率进行换算。

第五章 第三类所得

所包含的收益

第一百四十六条 第四十九条第（A）至（D）项及其最后一款所包含的责任人源自国外所得和第一百一十九条第（F）项责任主体所得在适用的情形下包含如下项目：

A）归属于第一百二十八条定义的固定场所的所得；

B）归属于公司股东、合伙人、参与人、业主、控制人或受益人和其他境外成立的实体的所得——包含共同投资基金或其他名称却具有同样功能的单位和信托或类似合约——但此处第六十四条的规定不适用于红利和利润；

C）在与境外承租人签订的带购买条款的融资租赁合同框架下出口的物资被行使购买权产生所得。

对于本国居民的自然人和未分割遗产来说，以下情况也构成来源于国外的第三类所得：（i）归属于第一百二十八条定义的固定场所的所得；（ii）根据第一百三十三条第（D）、（E）、（F）项规定划归的所得但并不包含在其他类型里的。实施条例应考虑其单位成立国家或所在国家类似税种法律规定或适用的会计准则后，制定确定上述所得额的方式。

若因在境外进行第四十九条所指的活动而适用其第二款规定的费用报销，则所有报销均属于第三类所得，但这并不影响其报销的或为获得所得而支出的费用被抵扣。

第一百四十七条 为确定第一百二十八条定义的固定场所的报税盈亏，应将归属其来源于阿根廷所得和其相关的成本、费用及扣减剔除。

就上述剔除的项目而言，净所得即指的第九十三条认定的净所得，或其最后一款规定的所得；而成本、费用及扣减指的是收入中不被包含在净所得内的部分。此步骤在来源于阿根廷所得属于免税所得时仍然适用。

损益归属

第一百四十八条 第一百二十八条定义的固定场所的本国业主应将这些场所来源于国外的报税损益归属到自身，甚至在这些收益未汇至或存入其账户时仍应如此。成立于或位于境外的股份公司的本国居民股东也应采取同样的处理标准。

前款规定不适用于归属于固定场所的和因转让股票、公司份额和公司所有权——包括共同投资基金或具有同样功能机构的份额——所录得来源于国外的亏损。这些以当地国家货币标明亏损应当根据第一百三十五条的规定进行抵消。

第一百四十九条 （废除）

第一百五十条 第四十九条第（B）至（D）项以及最后一款包含主体其来源于国外的报税损益应按照第五十条的规定来处理，且不得适用此条①最后一款的规定。

---

① 即第五十条。

前述处理方式不适用于转让股票、股份代券、持股凭证、其他证券存单及公司份额和公司所有权——包括投资基金份额或具有相同功能却拥有其他名称的单位，金融信托凭证以及相似合约衍生的权益——数字货币、凭证、债券和其他证券所录得来源于国外的亏损。这些亏损应由公司、企业或个人开发项目按照第一百三十五条规定的方式被抵消。

第一百五十一条　第一百二十八条定义的固定场所拥有的以及本国居民在本国境外购入或制造的除不动产以外、用于在国外销售的买卖资产，其存货价值应根据各自特征按照第五十二条规定的方法来计算，计算过程中应使用此条中除了关于对其调整以外的其他规定，并且遵守以下特别规定和补充规定：

A）养殖场存栏量价值按照前述被引用第五十二条第（D）项第二段方法计算；

B）森林开发存货价值考虑其生产成本来确定。若进行开发的固定场所所在国在征收与本法所确立税种类似的税时，允许对此成本进行调整或因考虑通货膨胀对报税损益的影响而进行整体或综合性调整的，则此成本应在考虑构成其的各项投资基础上，以做出投资日至年度

177

关账日期间为调整期，根据这期间前述规定①采用的价格指数变化或那些国家根据这些指数变化制定的系数来进行调整。本项指出的调整只有在确证固定场所所在国采用前述处理方式、为上述目的运用指数或系数的情况下才适用；

C）矿山、采石场和类似资产存货作价应按照第五十二条第（B）项规定操作。

作为买卖资产的不动产和建筑工程，其存货价值应按照第五十五条规定来确定，但不得将此条规定的调整纳入计算。

第一百五十二条 在转让第一百二十八条定义的固定场所的固定资产或本国居民购置于、制造于或建造于国外并用来产生来源于国外所得的资产时，其报税成本应考虑本身属性，按照第五十八条、第五十九条、第六十条、第六十一条、第六十三条和第六十五条的规定来确定，但不得采用这些条文中做出的有关调整的规定。若允许成本按折旧额消减，则这些折旧额应当按照本编规定的方式来计算。若所转让股份来源于升值或会计调

---

① 指的是国外类似本国所得税的规定。

整，或在本编生效之前以红利形式被派发且由派发红利公司发行，则不计其成本。

对于外国政府、次级政治机构、官方单位或这些政府和次级机构混合单位，以及成立于境外的公司或单位发行的公开证券、债权或其他有价证券，其第六十三条采用的报税成本即为其购入成本。

第一百五十三条　若在境外转让由本国居民以消费品形式发货出口并用于被产生来源于国外所得的动产，其报税成本为归属于发货的本国居民的年度初期报税价值；若其购入日或制造、生产、建造完成日晚于年度开始日，则其报税成本应根据那些适用于确定源自阿根廷所得的条款中对其报税成本规定的方式来计算，并且在相应情况下应加上至目的地国发生的运费和保险费、减去本编规定因被用于产生源于国外所得而应算税的折旧额。

对于转让在本国以经营目的使用或动用资产，继而在境外以同样目的被使用或动用的，除根据被转让资产的属性有特别规定的外，也应按同样标准处理。

第一百五十四条　第一百五十二条和第一百五十三条所指且具有第五十八条、第五十九条、第六十条、第六十一条和第六十三条所规定属性的资产所在国，或拥有这类资产的第一百二十八条定义的固定场所所在国，若其与本法所确立税种类似税的内法允许在确定其转让毛利润时对成本做出调整或进行具有相同效果的整体或综合性调整的，则此前首先引述的两（2）个法条①中提及的成本可从其规定的确定日②至转让日进行调整，其调整依据应为价格指数或根据价格指数制定的系数在此期间的变化，而且即使实际调整过程中采用其他的方式来确定归属本款包括的所有或某些资产的价值时，也应如此。

若这些国家对于加工、建造、制造可折旧动产或建造、改良不动产做出的投资额也采用以上同样的措施③，则也按前述办法处理，只是其调整期从实施投资日至成本确定日；而对于在被转让日仍未完成的不动产建造和改良来说，调整期至被转让日。

---

① 即第一百五十二条和第一百五十三条。

② 即上述两条中对于确定成本的日期规定。

③ 即允许调整。

　　若第一款提到的国家在其内法里没有本法所确立税种类似的税，但允许对价值进行调整以对净资产或资产持有或拥有而进行整体征税的，则可以将其为此而统一使用的指数用于调整本法第一款指出的资产成本。

　　在做出前几款规定的调整时，若可调整的成本或投资以阿根廷货币计，则应将其换算成资产所处的、被以经营目的动用或使用地所在国的货币，换算时应按照第一百五十二条和第一百五十三条规定的资产被转让当日、第一百五十八条采用的卖出汇率算。

　　因调整而得出的价值差应和归属资产的成本相加，若前一款规定适用，则以外币计的价值差应使用前款规定的调整期结束日汇率换算为阿根廷货币。

　　对于在确定报税成本时其可以折旧摊销消减的资产，这些折旧摊销额应在成本加上被允许调整金额后的基础上进行计算。

　　本条规定的处理方式应有确实证明外国允许使用调整和使用价格指数或系数的证据作为支撑。

供第三方处置

第一百五十五条 若第一百一十九条第（D）项包含的居民将用于产生来源国外所得或本就来自这些所得的资金或源自处于境外或在境外以经营目的被动使用或使用的资产供第三方处置，且这种处置并非用于以公司利益为目的实施的交易，则无论是否有反证，均认为存在等同于按年计复利、不低于资金或资产所处、以经营目的被动使用或使用地所在国机构的商业信贷最高限度利息额的来源于国外的应税所得。

对于第一百二十八条定义的固定场所将其资产项下的资金或资产供第三方处置的，也同样应做此认定，其用于确定假定所得的参考利息为前款指出的所在国银行机构给出的最高额。

本条规定不适用于第六十九条第（A）项第二段包含的公司向其合伙人支付的款项，前述固定场所向其境内业主支付的款项以及第一百三十条规定情形下的处置行为。

建筑企业

第一百五十六条　第一百二十八条定义的固定场所开展第七十四条所示活动的，在其公告总损益时应遵守前述后一条款①中除第一款第（A）项第三段和第三款以外的其他规定。若这些活动是由本国居民建筑企业在境外开展的，且其活动不构成前款所指定义包含的固定场所，则其总损益的公告应根据已引述的第七十四条第四款规定做出。

矿山，石场和森林

第一百五十七条　对于位于境外的矿山、石场和自然森林，适用第七十五条的规定。若根据地下资源所有权相关的法律原则此条第一款不适用，则经济和公共工程及服务部下属的自主管理机构联邦公共收入管理局将依据开采前所属其的价值来许可其他计量产出物资枯竭程度的方案。

对于自然森林来说，第七十六条规定不适用。

---

①　即第七十四条。

换算

第一百五十八条 除归属于第一百二十八条定义的固定场所所得外，用于确定本国居民来源于国外所得而纳入计算的以外币计交易，应遵照当时有效的汇管规定，按照阿根廷国家银行在交易完成日收盘报价根据情况使用买入价或卖出价汇率将其换算成阿根廷货币。

若前一款所指交易或其融资行为产生的债权债务导致了汇兑损益，则这些因未结款年度升值或最后作价与支付的所有或部分余款的差额而引发的损益，应算作来源于国外的报税盈亏的一部分。

若前一款所指的交易或债权债务为本国居民创造的外汇被引进本国或以任何形式在境外被这些居民处置，则因此而产生的汇兑损益应包含在其来源于国外所得里。

第一百五十九条 对第一百二十八条定义的固定场所而言，其以其他货币计的、确定报税盈亏时应计入的交易应根据当地银行机构在交易完成日收盘的报价，根据情况使用买入或卖出汇率将其换算成固定场所所在国货币。

　　所有以与固定场所所在国当地货币不同的货币支付结算的交易，若是现款交易的，应当按实际支付汇率记账；若是账期交易的，买入则按入库日汇率记账，卖出则按出库日汇率记账。

　　前款所指交易或根据前一条第二款所指其以非固定场所所在国货币融资的债权债务导致的汇兑损益，应在确定其报税盈亏时纳入计算。若这些交易或债权债务创造的外汇被引进那国①或以任何形式在境外被处置，则因此而产生的汇兑损益也应照此方式计算。无论何种情况下以阿根廷货币计的交易或债权债务产生的汇兑损益均不纳入此计算。

　　当本条所指的固定场所向第一百一十九条第（D）项和第（E）项包含的本国居民业主汇回利润时，这些业主应在确定对应收汇年度的来源于国外报税盈亏时将其汇兑损益包含在内，此损益额即为汇回金额按前一条第一款所示的买入价汇率在收汇日的报价换算后，与此

———————

① 即固定场所所在国。

185

利润在固定场所报税盈亏中以各自比例按照第一百三十二条规定换算成同种货币后①相比较的差额。

为此，无论是否有反证，汇出的利润被视作归属于固定场所将其汇出前最后关账的年度，若此假设不可能或导致汇出超额利润的，则未归属的部分被认为归属于之前一个或数个年度，并优先考虑归属到离汇出利润最近关账的年度。

---

① 这些利润不一定来自同一年度，其适用的汇率也不一定相同。

第六章　第四类所得

　　第一百六十条　分别由境外成立单位和受经济和公共工程及服务部的经济政策局下属银行保险副局的保险监察中心管控的本国居民单位管理的私人养老保险，其产生的利益减去投保人支付的保费后所余，只要是来源于个人劳动的①，则属于第七十九条所涵盖内容，应按照第一百四十三条规定方式确定所得。

　　第一百六十一条　若应根据第七十九条最后一款规定将费用报销纳入计算，则所有报销均属所得，而且只要文件齐全、有确凿证据证明报销款项，那么这并不影响其报销的费用或其中以报销款项名义已收到的部分被抵扣。

---

① 此处指的"个人劳动"意思是达到劳动年限而触发保险条款的情况。

第七章 抵 减

第一百六十二条 为确定来源于国外的净所得，应首先进行第三编允许做出的抵减，抵减时应遵守本章规定的限制、特别要求和修改，并按照以下几款要求的方法。

被允许的、来自所得源泉的抵减①应当从来源于国外所得中减除。本国自然人和未分割遗产，以及第一百一十九条第（D）、（E）、（F）项所包含的居民，应将其产生于境外和国内的抵减项都纳入计算，且对于后者，除归属于第一百二十八条定义的固定场所以外，应考虑它所对应比例。

在计算前一款所指固定场所的报税盈亏时，应从归属其的所得中减去支出的必要费用，资产项中用于产生

① 所谓"来自所得源泉"意思即为了维持所得的源泉而必须支出的各项费用。也就是说目的不是维持所得源泉的支出并不在此意义范围之内。

所得的资产折旧摊销以及与其开展业务和人员有关的开销。

实施条例将规范如何以毛利润为基础来确定既与来源于阿根廷所得关联又与来源与国外所得关联，以及与来源与国外应税与不应税和本法免税的所得关联的抵扣中可抵减①的部分，以及在自然人和未分割遗产计算归属于来源于国外所得但源泉类型不同的抵减项目的方式。

第一百六十三条　对于来源与国外所得，第八十一条、第八十二条、第八十六条和第八十七条允许的抵减符合以下特别规定条件下做出，且不得考虑这些条文中可能规定的调整：

A）关于第八十一条，有如下规定：

1. 其（C）项允许的抵减不适用，且来源于国外所得不应被计算在第（C）项第一段、第（E）项、第（G）项第二段所示限额内；

2. 向外国政府、其次级政治机构、阿根廷缔约的国际组织的养老、退休、生存金或保障基金的出资或扣费以及强制性的缴纳给外国社保机构的费用，被视作包含

---

① 注意这里说的"可抵减"特指可从来源于国外所得中抵减。

在（D）项内；

3. 因国外社保方案①而强制进行的扣费被视作包含在第（G）项第一段。

B）关于第八十二条，有如下规定：

1. 实施条例将明确第（C）、（D）项所做出抵减对资产成本的影响；

2. 第（C）项所示的费用只能在有正确文件支撑时才可纳入计算。

C）关于第八十六条，有如下规定：

1. 因永久或临时转让资产而获得来源于国外使用权费的本国居民受益人——除第一百二十八条定义的固定场所外——受此条除其第二款以外的规定约束；

2. 对于符合第一款第（A）项规定的情形，应根据资产属性适用第一百五十二条、第一百五十三条和第一百五十四条的规定；而对于符合同款第（B）项规定的情形，应根据资产属性采用第一百六十四条和第一百六十五条的规定。

D）关于第八十六条，有如下规定：

1. 在确定来源于国外非归属于第一百二十八条定义的固定场所的所得时，应在适用的金额和比例下，计入

---

① 根据第八十一条第（G）项的理解，此处社保特指强制医疗保险。

此条规定的抵减，但不得考虑其有可能规定的调整，且还应排除第（B）项规定的计提和第（F）项①规定的——若其所指赔偿金需按照外国现行劳动法赔付的——公积金。另外若第（G）项和第（H）项的抵减是由于人员在国外开展活动而缴纳的，也应被纳入计算；

2. 在确定第一百二十八条定义的固定场所来源于国外的所得时，应在第一百六十二条限制条件下将此条允许的抵减纳入计算，但首先需要将第（J）项排除，其次第（D）项所示抵减应被认为指的是固定场所所在国现行相关法律强制要求成立的公积金，且第（G）项指的费用、份钱、奖励、年终奖和非惯常酬金的抵减只有在其惠及固定场所所有员工时才适用。

第一百六十四条　对于用于产生来源与国外收入的资产，其第八十一条第（F）项允许的摊销和第八十二条第（F）项允许因耗费而产生的折旧，应按照第八十三条前两款和第八十四条第一款第（I）项的规定根据折旧摊销的资产本身属性来确定，并不得考虑其关于调整的规定。

---

① 第八十七条第（F）项已废除，此处规定应不适用。

191

对于从第三国进口至所在国的可折旧动产，若其采购价格高于来源国市场批发价格加上至最终国的运费和保险费之和，则应当适用第八十四条第三款规定；若为此向同一经济体内单位以采购交易中介身份支付佣金的，无论此单位位于或成立于何国，还应适用其第四款的规定。

第一百六十五条　若前一条所指的资产所在国或因经营目的被利用、使用地所在国，或第一百二十八条定义的固定场所所在国，其确立与本法税种类似税的法律允许对折旧摊销进行调整的或采用其他具有同样效果的货币更正措施的，则彼条规定的折旧摊销额可根据这些国家采用的调整用价格指数变化或其他明确的调整措施或根据这些指数变化制定的系数来进行调整，调整期从采购日或加工、建造、制造日至以上各条所示其额度确定日。

若这些物资不在前款提到的固定场所的资产里，则在实施其规定的调整时这些可调整的折旧摊销额应根据第一百五十八条第一款规定的卖出汇率在调整期结束日当地报价换算成物资所在国或因经营目的被利用、使用地所在国货币，而调整后的金额则依照上述指出日期同样的汇率换算成阿根廷货币。

对于第一百五十四条第三款所示的情形，对净资产或资产的持有或拥有而进行整体征税而使用的价格指数可按第一款指出的调整期用于调整本条所指的折旧摊销额。

本条的规定只有在确凿证实其所指的境外国家采用这种处理方式，且这些处理方式采用了这些指数或系数时才可适用。

不被允许的抵减

第一百六十六条　第八十八条的规定在可适用的情况下对来源与海外所得有效。

虽然如此，此条中在下列有涉及的各项涵盖的范围仍应根据这些规定来确定：

A）第（B）项包含本国居民业主为了建立第一百二十八条定义的固定场所所投资本产生的利息；

B）第（B）项包含境外对来源与国外所得所实施的与本法确立税种类似税金；

C）第（E）项所指实施条例规定的限额，适用于第一百二十八条定义的固定场所因获取从境外开展的技术、财务和其他类似服务而支付的酬金。

第八章 税额确定

第一百六十七条 来源与国外的净所得应缴税额按本条规定方式确定。

A）属于本国居民的自然人和未分割遗产应根据第九十条的分级分别确定来源于阿根廷的应税净所得的应纳税额和来源于阿根廷和国外总净所得的应纳税额。上述两者的差额即为来源于国外所得的税额；

B）第一百一十九条第（D）项和第（F）项所包含的居民按照第六十九条第（A）项的税率来来计算其来源与国外净所得的税额；

C）根据上述第（A）、（B）项规定方式得到的来源于国外所得①的税额，应从中首先减去第十章规定的来源于类似税种的财政税收抵免。②

---

① 本所得税法在很多时候"所得"与"净所得"混用，应按上下文意理解。

② 此处"抵免"与费用等的"抵减"概念不一样。

195

第九章　在境外实际已缴纳类似税种
税金的财政税收抵免

第一百六十八条　第一百一十九条所包含的本国居民将从本法针对来源与国外所得规定的应纳税中减去因在利润获取国家实际已缴纳类似国税而得到的财政税收抵免额，此抵免额不得超过本税税额①，且应按本章方式计算得出。

第一百六十九条　对第二条包含的所得征收的税，只要税基是净收入的，或者接纳抵减以回收成本和重要费用并计算净收入的，则被视作是与本法确立税种类似的税。所得来源国向本国居民受益人征收的唯一终定类型代扣税，只要是符合本条前述表述的，也包含在类似税定义里。

———————

① 即抵免的不能超过按照本法规定计算得出的来源于国外所得应纳税额，超过的只能在之后的年度抵免。

第一百七十条　前一条所指的税，在向征税的外国国库上交后并获得相关收据时被视作实际支付，这包含了以这些税的名义提前支付但并不超过其应纳总税额的预付税金和代扣款。

除非本章另有明确规定，否则这些类似税税额应根据当时有效的汇管法律规定以阿根廷国家银行在其实际支付日买入汇率报价换算成为阿根廷货币，并以此算作支付时所在财税年度的财政税收抵免。

第一百七十一条　第一百二十八条定义的固定场所的本国居民业主，对于已经被包含在其来源于国外收入申报里的固定场所报税经营结果，应将固定场所因此实际缴纳的类似税纳入计算。[1]

若上述固定场所根据其所在国现行法律要求，将本法定性为来源于阿根廷的所得计算在其报税经营结果中的，则应从固定场所在此国已缴纳的类似税金中扣除这些所得对应的部分。为此应首先将已支付税额加上因在阿根廷缴纳税款而可能获得的财政抵免，然后乘以在确

---

[1]　这里的纳入计算很显然指的是纳入财政税收抵免的计算中去。

197

定纳税额时使用的来源于阿根廷总所得额在其总所得额中的比例。

若根据上一款规定计算得出的税额大于财政抵免额①，则应将抵免额从税额中减去，所得结果将用于计算可抵减的实际已交纳类似税税金。

若固定场所所在国对于其来自第三国所得征税并且对其在第三国实际支付税金给予财政抵免，则被此财政抵免掉的税额不被纳入其已支付类似税②税额计算中。

可纳入计算的固定场所在所在国实际缴纳类似税应根据第一百七十条规定进行换算，而本条所示的预付税金和代扣款应按本条规定，采用固定场所年度结束日汇率换算。在此国税务申报里包含的税收余款，只要是在本国居民业主税务申报过期日之前支付的，则应被划归在包含固定场所经营结果的财税年度。

---

① 注意此处的"财政抵免额"指的是固定场所所在国政府给予的税收政策，而非阿根廷政府。

② 此条文主体众多，容易混淆。要注意提到"类似税"时，根据定义，一定指的是相对于阿根廷的其他国家对阿根廷居民在当地征收的税。

固定场所因归属于其的收入在另外国家实际缴纳类似税且在其所在国仍然应税时，此税应与本国针对来源于国外所得征收的税赋相抵，其换算应采用前一款指出汇率在固定场所所在国将其换算成其本国货币同一天的报价。① 对于固定场所就此所得支付的类似税，但这些所得在固定场所所在国并不应税的，应采取同样处理方式，并采用同样的汇率在固定场所年度关账日的报价将其换算成阿根廷货币。

固定场所所在国针对汇出利润和存入业主账户的利润做出的其他规定，应按照第一百七十条最后一款的规定处理。

第一百七十二条　若第一百三十三条第（D）、（E）、（F）项包含的单位所成立于、地址在或位于的国家对其经营结果、其属于本国居民的股东、合伙人、参与人、业主、控制人或受益人征税，则应将这些境外公司或其他实体实际缴纳类似税税款中根据实施条例的规则被认为是贡献了所得对应的部分纳入其计算。此税款只要是在居民股东、合伙人、参与人、业主、控制人或受益人

---

① 简而言之，先换算成原征税国货币，再换算成阿根廷货币。

申报过期日之前支付的或——若在过期日之前提交申报的——申报日之前支付的，则应与产生它的所得被划归在同一个财税年度。

若这些国家只对本条所指的公司和其他实体所派发的利润征税，则对其所征收类似税应划归在利润支付日所属的财税年度。尽管在这些国家对它们适用上一款所规定的处理方式，对于其派发利润而被征收的类似税，仍然应采用相同标准。

第一百七十三条 在第一百七十一条和第一百七十二条各自最后一款的情形下，无论是否有反证，其汇出和派发的利润均被视作归属于汇出或派发日最近的前一年度。若此假设不可能或导致汇出或派发超额利润的，则未归属的部分被认为归属于之再前数个年度，并优先考虑归属到离汇出或派发最近的年度。

第一百七十四条 本国居民在通过全球净收入申报表结算在国外支付的类似税时，应根据其在在此国所获并在按本法应税的毛利润在申报中的总利润所占比例来确定此类似税可纳入计算的部分。

若此国对从其域外获得利润征税并且对在境外实际支付税金给予财政抵免，则被此财政抵免掉的税额在计算已支付类似税税额时不予考虑。前述规定在第三国获得收益并支付的类似税而此收益同样也被此国征税的情形下，其适用第三国已支付类似税的计算并不受影响。

第一百七十五条　若本国居民向征税国补交类似税税款差额，从而导致付款年度之前财税年度已计算的财政税收抵免额增加的，则这些差额应划归至付款的财税年度。

第一百七十六条　若其他国家以其法律法规规定的形式认定本国居民或其第一百二十八条定义的固定场所超额支付类似税，且此认定意味着这些居民在以前财税年度或支付当年财税年度曾计算的因类似税得到的财政税收抵免应减少时，则这些超额应当在经过适用于被减少的税额同样汇率换算成阿根廷货币后从认定发生的财税年度对应的财政税收抵免中减除。上述做法并不影响将被认定的超支付额用于支付这些国家的类似税且以同样的汇率换算成阿根廷货币并将其计算为已缴类似税。①

---

① 用于获得财政税收抵免。

第一百七十七条　第一百五十条所指的公司、企业或个人开发项目应将其因来源于国外所得而在境外实际缴纳的类似税，包括其境外固定场所因同源报税经营结果而缴纳的，按份归属到其合伙人或业主。

第一百七十八条　若可纳入计算的类似税因超过本法对类似税归属年度的来源于国外所得课税额而当年无法全部抵免的，未抵免的税额可在后五（5）年内从同源净所得应纳税额中减去。上述年限最后一年结束后其未能扣减余额将不得再被使用。

第一百七十九条　本国居民若为其他国家特殊和促进政策受益人，可获得实际已支付类似税全部或部分返还的，应当按照返还额度将其产生的或业已产生的财政税收抵免扣减。

第十章 临时规定

第一百八十条 本国居民从外国政府、其次级政治机构、成立于境外的的社保机构或阿根廷缔约的国际组织获得的退休金、生存金、源于个人劳动的收益或补助，且在本编规定生效前已经以出资或扣费的形式全部或部分地支付了用于支付这些款项的基金费用的，则可将所获金额百分之七十（70）进行抵扣，直到把生效前已支付金额全部回收为止。

若在前一款所述生效日前这些人已收到本条所指的收入，则其所允许的抵扣额度须按照实施条例规定的方法，根据前述生效时之后所获金额所占同等比例的已支付费用为限。

就抵扣额的计算而言，其已支付本金或其可抵扣部分，应在收益发放日被换算成阿根廷货币。

同样地，在确定本条第二款所指比例时，应将支付的本金在本条规定生效日换算成阿根廷货币。

第一百八十一条 第一百五十九条第四款和第五款只适用于固定场所其应被其业主划归至本编规定生效后关账年度的利润被汇出时而引起的汇差。

第一百八十二条 第一百七十三条规定的假定不包含在本编规定生效前所派发或汇出的利润。